핵심복음제자훈련 3
교회는 왜? 성경은 왜?
확신의 핵심

김완섭 목사

기독교신앙회복연구소

김완섭 목사
주님의새소망교회 담임목사
기독교신앙회복연구소 대표
국토순례전도단 단장
한국오카리나박물관 관장
백석대학교 신학대학원
저서 :
그리스도인의 개혁 : 출발점 · 워크북
그리스도인의 회복 : 정체성 · 워크북
그리스도인의 성화 : 두번째만남 · 워크북
복음소책자 1-6권
예수님동행훈련 1-3권
나만의성경책 1-2권 외 다수

핵심복음 제자훈련 3
확신의 핵심

초판 1쇄 인쇄 : 2020. 9. 20.
초판 1쇄 발행 : 2020. 9. 25.
펴 낸 곳 : 기독교신앙회복연구소
지 은 이 : 김완섭
펴 낸 이 : 오복희
본문디자인 : 구본일
표지디자인 : 이순옥
등록번호 : 제2018-000044호
등록일자 : 2018년 4월 12일
서울특별시 송파구 마천로 100 C동 402호(오금동)
편 집 부 : 010-6214-1361
관 리 부 : 010-8339-1192
팩   스 : 02-3402-1112
이메일 : whdkfk9312@naver.com
총   판 : 소망사(031-977-4232)

ISBN 979-11-89787-17-2 04230
ISBN 979-11-89787-14-1 (세트)

한 권 값 **6,000원**

무단전제와 복제를 금합니다.

머리말

　　　　신앙생활을 어느 정도 진행한 사람들이 열심히 잘 믿으려면 무엇이 꼭 필요하겠습니까? 자신이 믿는 복음에 대한 확신이 가장 크게 필요할 것입니다. 구원의 확신, 신앙생활에 대한 확신이 있을 때 주변의 반대나 비판을 이길 수 있고 끝까지 흔들리지 않고 승리하게 될 것입니다. 하지만 믿음생활의 주변에는 그 믿음을 훼방하거나 흐리게 만드는 요소들로 가득합니다. 교회에 잘 다니다가 중간에 포기한 사람들이 얼마나 많습니까? 꼭 어느 한 가지 요인만으로 확정할 수는 없겠지만 가장 큰 이유를 들라면 단연 복음에 대한 확신을 가지지 못했기 때문일 것입니다. 그래서 확신이 실제 신앙생활에서 중요한 위치를 차지하는 것입니다.

　　그러면 어떻게 이 확신이 성도들에게 심겨질 수 있겠습니까? 물론 신앙생활을 시작하면서 여러 가지로 순종하면서 배울 때 성령님께서 거기에 대한 확신을 주십니다. 아무리 좋은 방법을 들이댄다고 해도 그 사람에게 확신을 주시는 분은 성령님이시기 때문입니다. 하지만 성령님께서 임하시도록 준비하는 과정만큼은 최대한 마련할 수 있습니다. 본 교재는 바로 이 점에 대해서 성도들을 돕기 위해 제작되었습니다. 물론 이 열두 가지 주제를 마친다고 해서 단번에 강한 확신을 가질 수 있는 것은 아닙니다. 그러나 확신을 무너뜨리는 요소는 아주 작은 부분이라는 사실을 알아야 합니다. 미심쩍은 부분, 의식의 아주 구석에 숨어있어서 자신도 눈치 채지 못하던 부분들이 확신을 좀먹는 것입니다.

예를 들어 비신자들이 할 만한 이야기들, 곧 교회에 왜 그렇게 자주 갈까? 교단은 왜 그렇게 많을까? 예수님의 동정녀 탄생이나 원죄론은 사실일까? 천국은 착하게 살면 가는 것이 아닌가? 기독교와 천주교는 결국 같은 것이 아닐까 등 어떻게 보면 사소한 이런 내용들이 어떤 환경과 부딪칠 때 확신을 흔들어버리게 되는 것입니다. 본 교재는 이것을 변증적으로 이해하게 만들려고 애를 썼으며, 역시 사전준비와 토론을 통해서 더욱 강력한 확신을 가질 수 있도록 기획하였습니다.

본 제자훈련 제3권 『확신의 핵심』은 '복음소책자' 3권 『교회는 왜? 성경은 왜?』 중에서 12가지 주제로 구성했습니다. 먼저 복음소책자의 해당부분을 파악하고 그것을 자료로 하여 본 제자훈련의 질문에 대한 답을 만들고, 함께 모여 지도자의 인도를 따라 서로의 견해나 의견을 숨김없이 서로 나누는 시간이 필요합니다. 그렇게 함으로써 복음의 구체적인 내용이 성도 여러분의 것으로 확실하게 만들어질 수 있는 것입니다. 가르치고 강의하는 제자훈련이 아니라 지금 현재의 자기 생각을 가감 없이 털어놓고 의견을 나누면서 효과적인 훈련이 이루어지도록 한 것입니다.

이 제자훈련 교재를 통하여 생각이 변화되고 신앙의식의 수준이 높아져서 주님께서 필요로 하시는 성도의 상을 만들어갈 수 있기를 소망합니다. 그 과정에서 성령님의 강력한 도우심으로 말미암아 바람직한 신앙을 세워나갈 수 있을 것입니다. 한국교회에 반드시 필요한 헌신이 될 줄 믿습니다.

차 례

머리말 _ 3

제1과
교회에 왜 그렇게 자주 가나요? _ 7

제2과
교단이 왜 그렇게 많은가요? _ 15

제3과
기독교인들이 실망스러워 안 믿습니다. _ 23

제4과
왜 전도를 그렇게 열심히 하나요? _ 33

제5과
따먹을 줄 알면서 선악과를 왜 만드셨나요? _ 41

제6과
아담의 죄가 어떻게 모든 인간의 죄가 되죠? _ 49

제7과

착하게 살면 천국 가는 것 아닌가요? _ 57

제8과

예수님은 동정녀에게서 태어났다면서요? _ 65

제9과

기독교는 이스라엘 종교 아닙니까? _ 73

제10과

다른 종교를 얼마나 아세요? _ 81

제11과

기독교의 뿌리는 천주교가 아닙니까? _ 89

제12과

예수님 아니라도 구원받을 수 있다죠? _ 97

제 1 과
교회에 왜 그렇게 자주 가나요?

교회에는 모임이 참 많습니다. 주일 오전과 오후 예배, 수요예배와 금요기도회, 이것만 해도 한 주에 네 번 교회에 갑니다. 하지만 조금 열심이 있는 성도들은 새벽기도회에도 나갑니다. 그것뿐이 아닙니다. 구역모임(속회, 목장 등 소그룹)은 각 가정을 돌아가면서 평일에 꼭 열립니다. 때로 이사예배, 개업예배, 직장예배나 성도들의 결혼식이나 장례식이 있으면 어김없이 다녀옵니다. 게다가 계절마다 무슨 특별새벽기도회니 해서 참석하게 하고, 일 년에 한두 번은 부흥회니 사경회니 해서 또 며칠씩 교회에 다녀오게 됩니다. 도대체가 교회 생활이라는 것이 왜 그렇게 자주 많이 모이라고 하는지 잘 이해가 되지 않을 것입니다.

교회에서 열심히 신앙생활 하는 성도들이야 자기가 좋아서 하는 일이지만, 그런 모습을 보이면서 또 전도하러 자주 나가서는 교회에 나오라고 반강제 식으로 끌고 가려고 하니까 더더구나 교회에 나가고 싶은 마음이 싹 사라질 것입니다. 그런데 과연 교회는 사람을 붙잡아놓기 위해서 그토록 자주 모이게 하는 것일까요? 아니면 성도들로 하여금 헌금을 많이 바치게 하기 위해 그토록 자주 부르는 것일까요? 어떤 목적으로 그렇게 자주 나오라고 하는 것일까요?

1. 더욱 사랑하기 위해 모입니다.

교회는 그리스도 예수님의 십자가의 사랑을 입은 사람들의 모임입니다. 사랑이란 서로 나눌 때에 더욱 커지는 것입니다. 일차적으로 교회는 하나님의 사랑으로 하나 되기 위해 모입니다.

1 성경 속의 가장 아름다운 교회 모임의 원형은 어떤 모습이겠습니까? (행 2:46)

2 성전에만 모이지 않고 가정에서도 자주 함께 모여 음식을 나누고 사랑의 교제를 나누는 이유는 무엇이겠습니까? (행 5:42)

3 교회와 기독교인들이 이웃을 사랑하기 위해서는 먼저 무엇으로 채워져 있어야 하겠습니까? (요일 4:21)

4 교회에 자주 모이는 목적은 삶의 현장에서 무엇을 하기 위한 힘을 얻는 데 있겠습니까? (행 2:47)

2. 마음을 붙잡고 믿음을 지키기 위해 모입니다.

기독교 신앙은 죽음 이후의 천국을 바라보면서 세상을 살아가는 것이기 때문에 여러 가지 모양의 어려움들을 만나게 되어 있습니다. 그래서 교회에 자주 모여 서로 힘을 얻는 것입니다.

1 이 세상에서 성공적으로 잘 살아도 만약에 죽음 이후를 준비하지 못한다면 그것은 어떤 인생이겠습니까? (눅 12:19-21)

2 세상에서 기독교 신앙을 지키는 일은 어떻게 할 때 가장 극대화할 수 있겠습니까? (엡 4:13)

3 종말이 가까워올수록 성경은 어떻게 하라고 명하고 있습니까? (히 10:25)

4 교회에서든지 집에서든지 성도들이 그렇게 자주 모여야 하는 근본적인 이유는 무엇이겠습니까? (롬 12:5)

3. 승리하기 위해서 모입니다.

성도들이 승리해야 한다는 말은 사람들과의 싸움에서가 아니라 세상의 부정이나 부패, 곧 돈이나 명예의 유혹과 싸워서 이겨야 함을 말하는 것입니다. 그것을 위해서 자주 모입니다.

1 오늘날 교회가 세상으로부터 비판을 많이 받는 이유는 무엇이겠습니까?

2 성경은 어떻게 가르치며 교회와 성도들은 어떤 노력들을 기울이고 있겠습니까? (엡 4:22)

3 교회는 또한 국가나 민족의 위기 앞에서 어떻게 할 것을 가르치고 있습니까? 사무엘은 어땠습니까?(삼상 7:5)

4 기독교 신앙을 혼자서 완전히 지켜낼 수 있는 것은 무엇 때문이며 그것을 위해 어떻게 해야 하겠습니까? (요일 5:4)

4. 함께 기도하기 위해 모입니다.

기독교는 기도의 종교라고 할 만큼 기도를 많이 합니다. 왜냐하면 기도는 하나님과의 끈이기 때문입니다. 그래서 교회에 성도들이 자주 모여서 기도를 많이 하는 것입니다.

1 교회의 모든 모임에서 가장 핵심적인 요소는 무엇입니까? 곧 모일 때마다 빼놓지 않고 행하는 것은 무엇이겠습니까?

2 예수님은 승천하시면서 마지막으로 제자들에게 무엇을 지시하셨습니까? (행 1:4)

3 그렇게 한 곳에 모여서 기도할 때에 인류 역사상 가장 큰 일이 일어났습니다. 그것은 무엇이었습니까? (행 2:1-4)

4 이 세상에 오신 이후로 성령님은 성도들을 돕기 위하여 어떤 일을 주로 하십니까? (롬 8:26)

5. 복음을 전하기 위해 자주 모입니다.

교회가 교회 밖의 사람들에게 관심이 없고 교회만을 위해 존재하는 것처럼 보일 수 있습니다. 하지만 교회는 교회 밖의 사람들에게 예수님의 모습을 보여주기 위해 자주 모이는 것입니다.

1 교회에 자주 모이는 것을 포함하여 기독교인들의 모든 행동은 결국 무엇을 위한 일이겠습니까? (고전 9:23)

2 이름 있는 기독교 단체들 외에 지역에 흩어진 작은 교회들은 어떤 원리를 따라 열심히 봉사하고 있겠습니까? (마 6:3-4)

3 교회와 집에 모여서 살아가는 기독교인들의 아름다운 모습은 과연 어떤 모습이겠습니까? (갈 5:14)

4 그렇게 자주 모여서 봉사하면서 기독교인의 아름다운 삶을 살 때 과연 어떤 일이 교회에 일어나겠습니까? (행 2:47)

6. 교회 안의 형제사랑을 아십니까?

교회 밖의 이웃을 사랑할 수 있기 위해서는 예수 그리스도의 사랑을 배우고 익히고 마음으로 실천할 수 있어야 하는데 그 힘이 되는 것이 교회 안의 형제를 진심으로 사랑하는 것입니다. 형제를 사랑해야 하는 근거가 무엇이겠습니까? 그것은 하나님께서 우리를 먼저 사랑하심으로써 우리도 형제를 사랑해야 한다는 것입니다. 형제를 사랑하지 않으면 하나님을 사랑하지 않는 것입니다. 그러므로 교회 안의 형제들은 서로 먼저 존경하고 사랑해야 하는 것입니다. 그리고 그런 사랑을 경험하고 풍성하게 되어 세상에 나가서 살 때에는 모든 일을 주님께 하듯 할 수 있게 되는 것이고, 그럼으로써 세상으로부터 칭송을 받고 전도가 이루어지는 것입니다.

1 교회 안에서 성도들끼리 서로 사랑하며 자주 모이는 것에만 집중한다면 어떤 결과가 나타날 수 있겠습니까?

2 그렇다면 성도들은 교회 밖이나 가정에서 어떤 자세로 세상을 대해야 하겠습니까? 그것은 무엇을 사랑하는 것입니까?

마무리 기도

　　사랑의 하나님 아버지, 우리 성도들이 교회에 자주 모여서 예배와 기도와 말씀을 함께 대하고 사랑으로 교제하며 서로 섬기는 아름다운 모습을 보여줄 수 있게 해 주신 은혜를 감사드립니다. 안타까운 일은 지금은 그런 아름다운 교제도 점차 사라져가고 있다는 사실입니다. 그리고 오히려 자주 모이는 것을 비판하거나 때로는 훼방하고 있는 형편이기도 합니다. 하지만 아버지, 우리들이 자주 모이는 것은 얼마나 좋은 일입니까? 교회는 그리스도 예수님의 몸인데 몸에 속한 지체인 성도들이 자주 모여서 하나님의 뜻에 맞는 일을 한다면 그야말로 하나님의 은혜가 아니겠습니까? 더욱 바람직한 모임을 지속할 수 있도록 도와주시기를 간절히 바랍니다.

　아버지, 예수님을 모르는 사람들이 오해하지 않도록 교회 안의 모임을 세상 밖의 섬김으로 연결할 수 있도록 모든 여건을 허락해주시옵소서. 또한 교회에 모인 헌금이 교회를 크게 하는 데 쓰이지 않도록 해주시고 오히려 교회주변을 섬기는 일에 사용될 수 있도록 교회에 감동을 주시옵소서. 또한 모든 교회의 모임이나 교제가 그리스도의 사랑을 배우고 경험하도록 해 주시고 그렇게 얻어진 사랑의 힘으로 외부 사람들을 사랑하고 섬길 수 있도록 도와주옵소서. 그리하여 교회 모임이 사람들에게 오히려 도움이 되고 유익한 모임이라는 사실을 사람들로 하여금 깨달을 수 있도록 해주셔서 그들을 하나님께로 인도하는 일에 귀하게 사용될 수 있도록 도와주옵소서. 우리를 구원해주시고 교회를 허락해주신 예수 그리스도의 이름으로 간절히 기도드립니다. 아멘.

제 2 과
교단이 왜 그렇게 많은가요?

　　우리나라 기독교 교단의 수는 엄청나게 많습니다. 대표적인 교단만 보아도 장로교, 감리교, 성결교, 침례교(기독교한국침례회만 정통), 순복음(하나님의 성회), 성공회, 루터교, 구세군, 그리스도의 교회, 정교회 등이 있고, 장로교 내에서도 기독교장로회와 예수교장로회가 있습니다. 예수교장로회도 WCC(세계교회협의회) 가입 문제로 통합측과 합동측으로 갈라졌습니다. 특히 합동계열에는 유독 교단이 많아서 모두 100여개가 넘는 실정입니다. 교단이나 교파가 생기는 이유는 신학적인 입장, 세상에 대한 견해, 사회에 대한 행동원리 등 견해차이 때문입니다.

　　때로는 새로운 신앙운동이 일어나 교단이 되기도 합니다. 감리교는 요한 웨슬리에 의해, 우리나라 성결교단은 일종의 전도운동이 교단으로 굳어진 경우입니다. 또한 세례의 방법에 따라, 구원의 문제가 하나님의 주권인지 인간의 자유인지에 따라, 환난 전 휴거인지 환난 후 휴거인지에 따라, 사회참여의 정도에 따라 교단들이 발생해 왔습니다. 같은 기독교인들의 눈에도 부정적으로 비칠 수밖에 없습니다. 기본적으로는 그리스도 안에서, 하나님의 영광을 추구하려는 경건한 신자들이 그들의 양심과 성경 이해에 따라 교리의 순수성을 정직하게 지키려는 서로 다른 의견차이일 뿐입니다.

1. 부정적인 측면이 있습니다.

하지만 교단이 이렇게 많은 것은 부정적인 면이 강할 수밖에 없습니다. 타당한 이유가 명백하다고 해도 거기에 따르는 부작용 또한 더욱 크게 드러나게 되기 때문입니다.

1 교단이 많은 것에 대해서 세상이 비판할 수 있는 여지는 어떻게 생기겠습니까? (고전 6:1)

2 많은 교단으로 인하여 생길 수 있는 폐해 중에서 세상에 대하여 부족해지는 것은 무엇이겠습니까? (고후 1:10)

3 많은 교단으로 인하여 생길 수 있는 부정적인 면 중에서 하나님께 대한 것은 무엇이겠습니까? (롬 2:24)

4 지나친 교단분열은 욕심이나 편가르기의 결과인 경우가 많습니다. 분열하는 사람들은 어떤 사람들일 수 있습니까? (유 1:19)

2. 사복음서가 좋은 답이 됩니다.

교단과 교파가 나누어진 것은 오히려 긍정적인 측면이 더 큽니다. 복음서가 네 가지인 것이 그 예가 될 수 있습니다. 그것은 모든 종류의 신앙을 수용할 수 있게 해 줍니다.

1 예수님의 마지막 기도에서 하나가 되게 해달라는 내용은 어떤 뜻이었습니까? (요 17:20-22)

2 똑같이 예수님의 행적을 기록한 복음서가 4개인데 각각의 성경의 주된 대상은 어떤 사람들이었습니까?

3 그럼으로써 각각의 복음서는 예수님을 누구라고 묘사하려고 했습니까?

4 다양한 측면에서 기록된 복음서이지만 진리에 어긋나는 내용이 있으면 어떻게 해야 합니까? (갈 1:7-8)

3. 파당은 때로 진리를 분별하게 해 줍니다.

파당 자체는 부정적인 면이 있지만 기독교의 진리를 지키기 위해서는 때로 파당과도 같은 아픔의 과정을 겪어야 할 때도 있습니다. 기독교 역사는 진리를 수호하기 위한 투쟁의 역사입니다.

1 교회는 모든 일을 양보할 수 있지만 결코 양보하지 말아야 할 진리의 문제는 어떻게 해야 인정받게 됩니까? (고전 11:18-19)

2 진리를 오염시키는 거짓 가르침에 대해서는 비록 겉으로 분쟁하는 것 같아도 어떻게 대처해야 하겠습니까? (갈 2:4-5)

3 그러나 교단들이 비진리에 대항하거나 세상의 현안에 대해서 입장을 밝힐 때에는 어떻게 해야 하겠습니까? (고전 1:10-11)

4 사도 바울은 디도에게 보내는 편지에서 교회(기독교) 내 문제가 생길 때 무엇을 피하라고 말했습니까? (딛 3:9)

4. 교파는 주님의 몸의 지체들입니다.

우리 몸의 지체들, 손이나 발이나 몸이나 또는 내장기관들은 전혀 다른 모양을 가지고 있지만 모두 동일한 지체 가운데 하나입니다. 지체들 가운데 없어도 되는 부분은 하나도 없습니다.

1 똑같아 보이는 교단과 교파가 많이 있어도 모두가 필요한 이유는 무엇이겠습니까? (엡 4:16)

2 예수님을 모퉁잇돌로 사용하신다면, 교단과 교파는 연결하여 무엇이 되기 위해 지어가는 것이겠습니까? (엡 2:20-22)

3 정상적인 교단과 교파라면 분쟁이 없는 것이 기본입니다. 이것을 인체에 비유한다면 무엇이라고 하겠습니까? (고전 12:25)

4 교단과 교단 간, 교회와 교회 간에 경쟁이나 다툼이 일어난다면 어떤 자세를 취해야 하겠습니까? (롬 14:13)

5. 교단은 달라도 한몸이 되어야 합니다.

오늘날 각 교단과 교파에게 부족한 것이 한몸의식일 것입니다. 물론 꼭 그렇게 강조하지 않아도 당연히 모든 교단과 교파는 주님 안에서 한몸입니다. 그러므로 한마음을 가져야 할 것입니다.

1 만약에 서로가 한몸이라면 어느 한 교단에 어려운 문제가 생기면 어떤 마음을 품어야 하겠습니까? (고전 12:26-27)

2 교단과 교파가 하나가 되는 일은 예수님의 소원입니다. 예수님은 마지막 기도에서 무엇이라고 하셨습니까? (요 17:21-23)

3 교단과 교파가 부족한 가운데에서도 서로 연합할 수 있는 까닭은 무엇이겠습니까? (롬 6:5)

4 교단과 교파가 하나 되어 연합해야 하는 이유와 목적은 무엇이겠습니까? (골 2:2)

6. 이단, 사이비 외에는 다 같은 교회입니다.

교단과 교파가 다양하다 보니까 생길 수 있는 또 다른 폐해는 정상적인 정통교파가 아니라 이단이나 사이비 집단들도 마치 기독교의 분파로 인식되는 현상입니다. 사실 교회 밖의 사람들의 눈에는 전부 비슷해 보일 것입니다. 그들이 주장하는 복음 속 내막에 대해서 관심도 없을 뿐만 아니라 이단과 사이비들이 마치 자신들이 더 정통교단인 것처럼 선전하기 때문입니다. 하지만 우리가 알아야 할 것은 이단이나 사이비 집단을 따라가다가 보면 그리스도로 인하여 구원받는 것이 아니라 오히려 그리스도로부터 멀어져 영원토록 구원받지 못하게 된다는 사실입니다. 교단 간에 부정적인 모습이 보일 때도 있지만 이단과 사이비 외에는 전부 같은 형제라는 사실을 분명하게 알고 있어야 하겠습니다.

1 당신은 기독교 안에 교단과 교파가 많은 현상에 대해서 어떤 생각을 가지고 있었습니까?

2 그러나 이단이나 사이비들과 정통 교단들을 비교기준으로 삼을 때 당신은 어떤 태도를 가져야 하겠습니까?

마무리 기도

사랑의 하나님 아버지, 우리 죄인들을 구원하시기 위해 그리스도의 희생을 받으시고 이 땅에 그리스도의 몸 된 교회들을 허락하심을 감사드립니다. 그리고 그 교회들이 연약함에도 여전히 교회들을 사용해 주심도 감사드립니다. 더구나 이 땅에 많은 교단과 교파들이 존재함에도 불구하고 그것을 사용하여 복음이 전파되게 하심을 감사드립니다. 하나님, 그럼에도 불구하고 때로는 지나치게 많은 교단들이 존재하고 또 그 교단 간에 경쟁이나 분쟁하는 듯한 모습으로 비치게 되는 현상을 하나님 앞에 회개하고 싶은 마음입니다. 아버지, 많은 교단들이 존재하지만 교단들이 하나 되고 연합하여 하나님의 사명을 잘 감당해 나갈 수 있도록 도와주시옵소서.

아버지, 믿지 않는 사람들이 기독교에는 교단이 왜 그렇게 많으냐고 질문하고 비판할 때마다 너무나도 안타까운 마음입니다. 하지만 비판적인 그 말들을 반박할 것이 아니라 겉으로 드러나는 현상을 인정하고 다만 그 원래의 취지와 교단의 필요성을 잘 설명함으로써 교단이 많은 것 때문에 전도가 막히는 일은 없도록 지혜를 더하여 주옵소서. 또한 교단들은 모두 그리스도의 지체들이라는 마음을 가지게 하셔서 연합과 하나 됨이 이루어지고, 하나님의 뜻을 따라 하나님의 일을 이루어가는 데 힘을 쏟을 수 있도록 허락해 주시옵소서. 이단과 사이비의 활동에는 모두 하나가 되어 복음을 훼방하는 세력들을 물리치게 해 주시옵소서. 많은 약점에도 불구하고 교단들과 교파들을 통하여 구원의 일을 성취해 가시는 우리 구주 예수 그리스도의 이름으로 간절히 기도드립니다. 아멘.

제 3 과
기독교인들이 실망스러워 안 믿습니다.

　　맞습니다. 분명히 교회 안에는 사람들을 실망시키는 성도들이 있는 것이 사실입니다. 성도라는 직분을 가지고 있으면서도 타인의 모범이 되지 못하고 지나치게 자기 욕심에 사로잡힌 사람들이 있습니다. 사실은 교회 안에서도 부끄럽게 생각하는 부분이 많이 있습니다. 그것을 인정하지 않을 수 없습니다. 변명이 아니고, 교회는 완전한 사람들이 출석하는 곳이 아니라 죄인들이 회개하고 나와서 변화되어 가는 곳입니다. 그 과정에서 약하거나 거슬리는 부분이 눈에 자주 띄게 되는 것입니다. 물론 신앙생활을 오래 한 사람들 중에서도 사회의 지탄이 될 만한 사람들도 있습니다. 참으로 안타까운 일이지만 교회의 현실이기도 합니다.

　　더구나 자신만 잘못된 삶을 사는 것이 아니라 기독교인인 자신의 생활 때문에 다른 사람들이 예수님을 믿는 일에 방해가 된다면 얼마나 마음 아픈 일이겠습니까? 이들을 이해해달라는 말이 아닙니다. 이런 사람들은 반드시 회개하고 생활을 바꾸어야 합니다. 다만 전체 기독교인들 중 소수의 실망을 안겨주는 사람들 때문에 교회 전체가 비난을 받아서는 안 되겠다는 것입니다. 잘못된 것을 솔직하게 인정하면서 교회의 본래의 모습을 이해시킬 수 있도록 해야 하겠다는 것입니다.

1. 모든 성도는 신앙이 자라는 중입니다.

교회에 출석하는 모든 성도들은 현재 성장하고 있는 중입니다. 목회자나 장로라고 해서 예외는 아닙니다. 이 세상을 떠나 천국으로 가는 그 날까지 지속적으로 자라가야 합니다.

1 예수님을 믿은 지 얼마 되지 않은 성도들은 어떤 모습을 보이게 되겠습니까? (고전 13:11)

2 그래서 교회에 출석하면서 성도들이 무엇에 자라야 하겠습니까? (살후 1:3)

3 또한 믿음과 함께 더욱 자라가야 할 것은 본질적으로 어떤 것이겠습니까? (골 1:10)

4 성도가 하나님을 아는 일에 있어서 어디까지 자라가야 하겠습니까? (엡 4:13)

2. 신앙이 어려서 그럴 수 있습니다.

주변으로부터 비판받고 있는 성도들은 대개 신앙생활을 시작한 지 오래 되지 않아 믿음이 자라지 못한 성도들인 경우가 많습니다. 또한 실천신앙으로 삶에 적용하지 못해서일 수도 있습니다.

1 신앙이 잘 자라서 세상에서도 칭찬받는 사람이 되려면 어떻게 해야 하겠습니까? (벧전 2:1-2)

2 초보신앙이든 중진의 신앙이든 말씀을 따라 사는 모습을 보여주지 못한다면 어떤 성도라고 하겠습니까? (고전 3:3)

3 육신에 속한 사람은 어떤 특징을 보이며 그들은 미래에 어떻게 되겠습니까? (엡 5:5)

4 육신에 속한 사람과는 반대로 영에 속한 사람 곧 새로워진 사람은 어떤 사람입니까? (엡 4:22-24)

3. 신앙이 성숙한 성도라도 실수할 수 있습니다.

하지만 신앙이 잘 자라서 교회에서 중요한 일을 잘 감당하던 사람도 죄를 지을 때가 있습니다. 그것을 이해하고 용납하자는 말이 아니라 아무리 신앙이 좋아도 극히 조심해야 하겠다는 것입니다.

1. 성숙한 성도라도 때로는 죄를 지을 수 있습니다. 그 이유는 무엇이 겠습니까? (엡 4:26-27)

2. 교회 안에서 누군가 죄를 지었다면 우선 취할 수 있는 행동은 어떤 것입니까? (갈 6:1)

3. 그럼에도 불구하고 죄를 지은 사람이 물러서지 않고 죄에서 떠나지 않는다면 어떻게 해야 합니까? (롬 16:17)

4. 신앙이 자라지 못할 뿐만 아니라 굳어져 버린 경우도 있습니다. 그들에 대해서는 어떻게 평가해야 합니까? (딤전 6:5)

4. 거짓 성도들이 있을 수 있습니다.

교회는 순전히 믿음으로 자원하여 섬기고 봉사하고 하나님께 예배드리는 곳입니다. 그러다 보니까 영적으로 교회를 훼방하고 분열시키려는 보이지 않는 세력들이 나타나게 되어 있습니다.

1 거짓 성도란 하나님을 믿지 않으면서 육신대로 행하는 사람입니다. 그는 어떤 사람입니까? (약 2:14)

2 믿음이 약한 것이 아니라 믿음이 없는 사람들은 거짓 믿음인데 우리가 왜 이들을 조심해야 하겠습니까? (히 3:12)

3 또 다른 형태의 거짓 성도는 아예 교회를 훼방할 목적으로 나오는 사람들인데, 이들의 전략은 어떤 것입니까? (갈 2:4)

4 거짓 성도는 기다리고 용서하면 차츰 성도로 변화되는 것이 아닙니다. 이들은 어떻게 해야 하겠습니까? (딤전 5:20)

5. 다툼이나 분쟁으로 인한 허물도 있습니다.

교회에는 꼭 거짓 성도나 신앙이 어린 성도들의 허물로만 돌릴 수 없는 분쟁과 다툼이 생길 수도 있습니다. 만약에 그런 현상이 일어난다면 세상의 평판 때문에라도 삼가야 하겠습니다.

1 교회 안에서 성도 간에 싸움이 일어나는 원인은 무엇이겠습니까? (고후 12:20)

2 만약에 성도 간에 다툼이 일어나서 세상 법정에까지 서로를 고발할 지경이 된다면 어떻게 해야 합니까? (고전 6:6-7)

3 성도 간에 일어나는 다툼이나 싸움은 본질적으로 어디에서부터 비롯되는 것입니까? (약 4:1-2)

4 성도들 가운데에도 물질 문제 등으로 분노하거나 다툼의 여지가 있습니다. 이럴 때 어떻게 해야 합니까? (딤전 2:8)

6. 이단과 사이비들이 훼방할 수 있습니다.

거짓 성도로 인하여 교회가 피해를 당하고 세상으로부터 비판을 당할 수도 있지만 이단들의 침투로 인하여 교회가 비난을 받는 경우도 많습니다. 세상이 보기에는 다 같아 보이기 때문입니다.

1 이단들은 어떤 모습으로 나타납니까? 다른 말로 하면 이단은 무엇이라고 합니까? (막 13:22)

2 거짓 선지자들, 거짓 선생들은 어떤 일을 <u>스스로</u> 행하는 자들입니까? (벧후 2:1)

3 이단이란 주로 어떤 전략을 사용하여 성도들을 교묘하게 속이고 무너뜨립니까? (요일 2:22)

4 이단들 곧 거짓 선지자들은 회개시켜 다시 하나님을 믿게 할 수 있습니까? 왜 안 됩니까? (딤전 4:1-2)

7. 실망스러운 기독교인들, 어떻게 생각하십니까?

이제까지 교회에 다니는 성도들의 허물이나 죄를 짓는 모습들을 살펴보았습니다. 겉으로 보이는 이런 약한 모습들에 대해 비판적이거나 자신이 기독교인들로부터 당했던 억울한 마음이 교회를 비판하게 만들었을 수 있습니다. 그리고 실제로도 교회에 다닌다고 하면서도 일반 사람들보다 오히려 더 못한 성도들이 존재하는 것 또한 사실입니다. 지금까지 그런 경우를 살펴보았습니다. 마지막으로 생각해볼 것은 반대로 바람직하거나 칭찬할 만한 기독교인들은 더 많지 않을까 하는 점입니다. 물론 교회 안에서 보는 모습과 믿지 않는 분들이 보는 모습에는 분명한 관점의 차이가 있겠지만, 그래도 좋은 기독교인들이 더 많다는 사실을 기억하시기 바랍니다.

1 당신이 겪었던 실망스러운 성도의 모습이 있었다면 솔직하게 이야기해 보십시오.

2 반대로 바람직하거나 칭찬할만한 기독교인이 있었다면 소개해보시기 바랍니다.

마무리 기도

　　사랑의 아버지 하나님. 아버지께서 사랑하시는 하나님의 자녀들이 하나님을 믿는다고 하면서도 조금도 변화된 모습을 보이지 못하고 오히려 세상 사람들의 손가락질을 받는 경우가 있음은 참으로 안타까운 일이 아닐 수 없습니다. 믿은 지 얼마 되지 않는 성도들 뿐만 아니라 때로는 교회 중진들이나 지도자들 가운데에서도 실수하고 죄짓는 모습들을 보이는 것을 생각할 때 같은 기독교인으로서 먼저 하나님 앞에 죄송스럽고 세상 사람들 앞에서 하나님의 영광을 가리는 것이 되어 몹시도 안타깝고 슬픈 것이 사실입니다. 우리를 비롯하여 모든 성도들은 진심으로 회개하고 세상 욕심을 버리고 모든 죄를 이길 수 있도록 해 주시옵소서.

　　하나님. 우리 인간들은 모두가 부족하고 죄의 속성이 남아있는 사람들입니다. 우리는 오로지 예수님의 십자가 보혈의 능력에 의해서 죄 씻음 받고 구원에 이르게 된 존재들입니다. 그러므로 하나님을 전적으로 의지하지 못한다면 누구라도 죄에서 자유로울 수 없습니다. 어린 성도이든 성숙한 성도이든 이런 허물에 빠지지 않도록 성령충만으로 우리를 도와주옵소서. 아울러 교회 안에서만 잘 믿는 것이 아니라 세상 속에서 살아갈 때에도 언제나 하나님을 의식하면서 믿지 않는 사람들에게 착한 본을 보임으로써 저들에게 하나님의 영광을 드러낼 수 있게 하시고 그것을 통하여 저들 중에서 복음을 받아들이고 구원받는 사람들이 많이 나타날 수 있도록 우리를 지배해주시옵소서. 우리를 위해 십자가에서 피흘려주신 예수 그리스도의 이름으로 간절히 기도드립니다. 아멘.

제 4 과
왜 전도를 그렇게 열심히 하나요?

교회에 다니지 않는 사람들의 눈으로 교회를 바라본다면 어떤 느낌이 들겠습니까? 아마도 상당히 비판적인 시각으로 비난하는 사람들이 많을 것이라고 생각합니다. 전도를 하다가 보면 때로는 대들거나 싸우려는 사람들도 있게 마련입니다. 그런 반응들을 보면 교회에 다니는 사람으로서 미안한 마음이 들기도 합니다. 왜냐하면 그분들은 전혀 받아들이고 싶은 생각이 없는데도 불구하고 교회에서는 전도해야 하기 때문입니다. 물론 교회가 전도와 함께 지역 섬김의 일을 똑같이 행하고 있다면 반감은 상당히 줄어들 것이 틀림없습니다. 현재 교회가 그런 모습을 충분히 보이지 못하고 있기 때문에 안타까운 것도 사실입니다.

다만, 교회에서 전도를 하지 않으면 안 될 분명한 근거와 이유가 있다는 사실을 알아야 하겠습니다. 물론 믿지 않는 사람들에게 이해하고 긍정적으로 보아달라는 것이 아니라 적어도 전도가 교회를 크게 만들기 위한 목적만은 아니라는 사실은 알 수 있도록 해야 하겠다는 것입니다. 그래서 전도에 대해 비판적으로 생각하더라도 일정한 설명을 함으로써 적어도 납득이라도 할 수 있도록 해야 하겠다는 것입니다. 그리고 전도를 행하는 성도들도 충분한 자신감과 확신을 가질 수 있어야 하겠습니다.

1. 예수님도 전도를 위해 오셨기 때문입니다.

기독교인들의 삶의 유일한 목적은 예수님이 그리스도 곧 메시아이시며 구원자라는 사실을 가르치고 전파하는 것, 곧 전도라고 말할 수 있습니다. 예수님은 인간구원을 위해서 오셨기 때문입니다.

1 예수님께서 3년 동안 이스라엘의 모든 마을들을 찾아다니신 이유는 무엇입니까? (막 1:38-39)

2 예수님께서 열두 명의 제자들을 세우시는 중요한 목적은 무엇입니까? (막 3:14)

3 예수님께서 부활승천하신 후 예루살렘 초대교회 성도들이 주로 하는 일은 무엇이었습니까? (행 5:42)

4 물론 성도가 직접 사람들로 하여금 믿게 만들 수 있는 것은 아닙니다. 무엇으로 인하여 믿음을 가지게 됩니까? (고전 2:4-5)

2. 신앙인에게 가장 중요한 일이기 때문입니다.

기독교인이란 예수님의 십자가 희생으로 인한 죄 씻음을 믿고 구원받은 존재들입니다. 예수님은 기독교인의 생명입니다. 그 예수님을 전하는 것은 기독교인들에게 가장 중요한 일인 것입니다.

1 더 중요한 일을 강조하기 위한 말씀이지만 예수님께서 심지어 어떤 일보다 전도가 더 중요하다고 하셨습니까? (눅 9:59-60)

2 예수님은 성령이 임하시면 모든 기독교인들이 권능을 받고 무엇이 될 것이라고 하셨습니까? (행 1:8)

3 기독교인들은 예수님의 증인입니다. 그러면 우리는 무엇을 증언해야 하는 증인들입니까? (눅 24:46-48)

4 물론 하나님은 때로는 악한 권세들을 통해서도 영광을 받으십니다. 이럴 때 누가 증인이 되어야 합니까? (롬 9:17)

3. 기독교인들만 전파할 수 있기 때문입니다.

하나님께서 우리를 부르신 목적은 예수님의 고난과 부활의 증인이 됨으로써 예수님이 그리스도이심을 전파하기 위함입니다. 이 복음을 전할 수 있는 사람들은 우리 기독교인들밖에 없습니다.

1 믿음의 선한 싸움을 싸움으로써 영생을 취하기 위해 부르심을 받은 성도는 무슨 일을 감당하게 됩니까? (딤전 6:12)

2 우리를 불러 사람들에게 보내신 분은 어떻게 해서 사람들이 믿음을 가지게 된다고 했습니까? (롬 10:14-15)

3 기독교인들은 이 복음을 전파하되 각각의 사명에 따라 어떤 일을 할 수 있습니까? (고전 9:23)

4 기독교인들이 전도하는 것은 오로지 예수님을 전하는 것입니다. 왜 기독교인들만 전할 수 있겠습니까? (고후 4:5)

4. 하나님의 뜻은 모든 사람의 구원이기 때문입니다.

하나님을 믿는 성도들은 왜 꼭 전도를 해야 하겠습니까? 그것은 하나님의 뜻을 따르기 위해서입니다. 하나님의 뜻은 모든 사람들이 회개하고 구원받아 천국에 이르는 것입니다.

1 아브라함은 타락한 인간들을 구원하실 하나님의 계획의 시작이었습니다. 아브라함을 통하여 무엇을 하십니까? (창 18:18)

2 교회와 성도들을 통하여 이루고자 하시는 총괄적인 하나님의 뜻은 무엇입니까? (딤전 2:4)

3 심지어 죄인을 구원의 길로 인도한 사람에게는 어떤 특혜가 주어지기까지 합니까? (약 5:20)

4 어떤 한 사람이 구원을 받으면 하나님은 그것을 얼마나 기뻐하십니까? (눅 15:7)

5. 하나님께서 심판을 늦추고 계시기 때문입니다.

교회와 성도들이 지속적으로 전도해야 하는 또 다른 이유는 하나님의 심판이 가까웠기 때문입니다. 한 영혼이라도 더 구원하시려고 심판을 늦추시기 때문에 간절하게 전도하는 것입니다.

1 아직도 그리스도의 복음을 제대로 듣지 못한 지역이나 사람들이 있다면 하나님은 어떻게 하시겠습니까? (마 24:14)

2 만약에 하나님께서 기다리지 않고 심판하신다면 어떤 일이 일어나겠습니까? (막 13:20)

3 교회와 성도가 얻은 구원은 누구를 통하여 어떻게 일어날 수 있습니까? (엡 2:8-9)

4 그러므로 하나님의 은혜에 조금이라도 보답하기 위하여 교회와 성도는 무엇을 하게 되는 것입니까? (딤후 4:2)

6. 어떻게 전도하면 거부반응이 적을까요?

비록 교회전도를 비판적으로 바라보고 공격적인 태도를 보이는 분들이 있는 것은 사실이지만 교회와 성도는 전도를 하지 않을 수는 없습니다. 그래서 많은 사람들로부터 반감을 줄이고 우호적으로 교회를 바라보도록 하기 위해 지역이나 이웃을 위해 나누고 섬기는 일들을 하고 있습니다. 하지만 교회가 나누고 섬기는 일을 하면 교회를 부흥시키기 위해 그러는 것이라고 생각하는 분들도 많이 있습니다. 그렇다고 복음을 정확하게 전파하지 않고 무작정 이웃을 섬기는 일만 하면 이미지는 좋아질 수 있겠지만 정작 복음을 믿는 사람들을 많이 만들어낼 수는 없습니다. 그래서 직접전도도 필요하고 간접적으로 섬기는 전도도 필요한 것입니다.

1 당신은 지금까지 전도를 얼마나 열심히, 어떤 방식으로 감당해 왔습니까?

2 어떻게 하면 믿지 않는 사람들이 교회 전도를 비판적으로 생각하지 않고 하나님을 믿게 할 수 있다고 생각합니까?

마무리 기도

　　　타락하여 영벌에 처해질 수밖에 없는 우리들을 위해 예수님을 이 땅에 보내주시고 십자가 희생을 통하여 죄 사함 받고 구원에 이르게 하신 하나님 아버지, 오늘도 하나님의 인도하심을 깊이 감사드립니다. 우리는 우리의 힘과 능력으로 결코 얻을 수 없는 구원을 오로지 하나님의 은혜에 의해 아무 공로 없이 받은 사람들입니다. 그 은혜가 너무 감사하여 우리를 구원하신 복음을 수많은 사람들에게 열심히 전해야 할 줄 압니다. 우리가 그 감격스러운 은혜만큼 전도하지 못함을 하나님께 회개하려고 합니다. 예수님께서 구원의 도리를 몸으로 주시기 위해 이 땅에 오신 것을 생각하면 우리가 전도에 너무 소홀하였음을 고백합니다.

　하나님, 그럼에도 불구하고 하나님을 믿지 않는 사람들은 교회와 성도들의 전도에 대해 지나치게 비판적인 경우가 많습니다. 물론 하나님의 택정함을 입은 사람들은 소수이며 다수의 사람들은 하나님을 믿지 않을 사람들일 것입니다. 하지만 우리는 그가 누군지 전혀 알 수 없기 때문에 우리 주변의 비신자들을 향해 복음을 전할 수밖에 없습니다. 하나님, 저들이 비록 반대하더라도 우리는 우리가 전도하는 이유를 저들이 알 수 있도록 설득할 필요가 있습니다. 그것을 위해서는 사람들의 필요를 채워주는 역할을 열심히 감당함으로써 복음전파의 길을 닦을 필요가 있을 것입니다. 그런 역할을 잘하게 해 주시고, 복음을 실천할 수 있도록 도와주시기를 바랍니다. 우리에게 구원의 길과 전도의 길을 열어주신 그리스도 예수님의 이름으로 간절하게 기도드립니다. 아멘.

제 5 과
따먹을 줄 알면서 선악과를 왜 만드셨나요?

　　　　　하나님은 에덴동산을 만드시고 각종 나무들과 함께 생명나무와 선악나무를 심어놓으셨습니다. 그리고 아담에게 선악나무의 열매를 먹지 말라고 지시하시면서 그것을 먹으면 반드시 죽을 것이라고 엄명을 내리셨습니다. 하지만 하나님의 창조를 훼방하려는 뱀의 간계로 하와가 먼저 선악열매를 따먹고 남편인 아담에게도 주어서 먹게 했습니다. 그리고 그 결과로 아담과 하와는 죄가 무엇인지를 깨닫게 되었고, 에덴동산에서 쫓겨나서 죽음(영적 죽음 곧 하나님과의 관계단절)이라는 벌을 받게 되었던 것입니다.

　여기에서 두 가지 의문이 생깁니다. 하나는 하나님은 전지하신 데 과연 아담과 하와가 선악과를 따먹을 것을 모르셨을까 하는 점과 하나님께서 아셨다면 왜 선악과를 만들어놓으셨는가 하는 점입니다. 그리고 다른 하나는 아담과 하와가 선악과를 따먹는 죄를 지었는데 왜 그 후손들에게 그 죄가 전가되는가 하는 점입니다. 어떻게 부모의 죄가 자식에게 그대로 이어지는가 하는 말입니다. 이런 의문에 대한 해답을 얻기 위해서는 죄와 선악과와 같은 말들의 의미를 정확하게 알아야 해명이 가능할 것입니다. 우선 하나님께서 선악과를 따먹을 줄 아시면서 왜 만드셨는가에 대해서 살펴보겠습니다.

1. 선악나무는 사람에게 복이었습니다.

선악을 알게 하는 나무는 아담으로 하여금 죄를 짓게 하기 위해서가 아니라 아담에게 허락하신 복을 마음껏 누릴 수 있도록 하시기 위해 만들어놓으신 경계였습니다.

1 선악나무는 하나님과 아담 사이에 사랑의 울타리와 같은 기능을 하는 것입니다. 이것을 어떻게 설명할 수 있습니까?

2 선악과를 먹으면 반드시 죽을 것이라는 말씀은 어떻게 해석할 수 있겠습니까? (창 2:15-17)

3 선악나무는 하나님과 사람 사이에 무엇을 상징하는 것이라고 볼 수 있겠습니까? 결혼과 관련하여 이야기해 보십시오.

4 아담과 하와가 선악과를 먹은 것은 무엇을 어기고 하나님을 어떻게 한 것입니까? (호 6:6-7)

2. 하나님은 사람에게 자유를 주셨습니다.

하나님은 사람과 자유롭게 교제하고 사랑할 수 있기를 원하셨습니다. 선악과 역시 인간의 의지에 따라 자유롭게 하나님과 교제할 수 있도록 허락하신 언약(약속)의 울타리였습니다.

1 하나님께서 인간에게 자유의지를 허락하셨다는 증거는 어디에서 찾을 수 있습니까? (창 1:27)

2 그렇다면 자유를 주신 하나님은 사람으로 하여금 무엇을 자신들의 의지로 할 수 있도록 하셨습니까? (창 1:28)

3 뱀이 하와를 유혹한 것은 인간에게서 무엇을 빼앗으려는 시도였으며 그 결과는 무엇이었습니까?

4 그렇게 자유의지를 주셨지만 불순종함으로써 잃어버렸습니다. 어떻게 해야 그것을 되찾을 수 있습니까? (고후 3:17)

3. 자유는 선하게도 악하게도 쓸 수 있습니다.

아담과 하와는 자유의지를 가지고 선악과를 먹는 길을 선택함으로써 자유를 잃어버리고 죄의 종이 되고 말았습니다. 자유는 육체를 선택할 수도 있고 하나님을 선택할 수도 있습니다.

1 구원받았다는 말은 무슨 뜻이며 그렇게 받은 것을 어떻게 사용해야 합니까? (갈 5:13)

2 하나님은 사탄으로부터 예수님의 십자가 피를 대가로 자유를 찾아 주셨습니다. 그러므로 무엇이 되어야 합니까? (벧전 2:16)

3 우리는 죄의 종이 아니라 자유로운 사람들이지만 동시에 하나님의 종이기도 합니다. 왜 그렇습니까? (고전 9:19)

4 선악나무는 그 자체로 자유를 주는 것은 아니지만 아담으로 하여금 무엇을 누릴 수 있게 하는 것이었습니까?

4. 자유롭지만 행한 대로 갚아주십니다.

물론 이 자유의지 때문에 아담이 에덴에서 쫓겨났습니다. 하나님은 인간이 자기들의 자유의지로 하나님을 사랑하기를 원하십니다. 인간은 자유롭게 선택한 결과에 대한 책임을 져야 합니다.

1 하나님은 아담이 자유롭게 선택할 수 있도록 그 결과에 대해서 어떻게 말씀하셨습니까? (창 2:16-17)

2 자유의지로 순종하는 데에는 반드시 훼방이 따라옵니다. 그 훼방은 어떤 모습으로 나타나게 되어 있습니까? (창 3:4-6)

3 사탄은 세상의 물질과 정욕과 명예욕으로 성도를 속이는데 그 결과는 어떻게 나타나겠습니까? (롬 2:6-8)

4 책임에는 상과 벌이 있습니다. 불의와 욕심을 따르면 심판이 있지만 영광과 존귀를 구하면 무엇이 있습니까? (계 22:12)

5. 예수님은 잃어버렸던 자유를 되찾아주십니다.

성도는 이미 구원받아 잃어버렸던 자유를 되찾은 사람입니다. 우리의 자유가 얼마나 소중한 것인가를 다시 되새겨볼 필요가 있습니다. 그리고 자유를 아주 귀하게 사용할 수 있어야 하겠습니다.

1 아담이 뱀에게 속아 선악과를 먹고 빼앗겼던 자유를 하나님은 어떻게 되찾아오셨습니까? (고전 7:23)

2 그렇게 예수님께서 몸과 피로 사신 자유를 값없이 받은 성도들은 어떻게 하나님께 영광을 돌려드리겠습니까? (고전 6:20)

3 예수님께서는 백성들에게 무엇을 주시기 위한 목적으로 이 세상에 오셨다고 하셨습니까? (요 8:36)

4 그러면 성도들이 교회에 다니며 전도하고 섬기는 등의 일을 하는 것은 어떻게 해야 기뻐하시겠습니까? (벧전 5:2)

6. 당신은 자유를 어떻게 사용하고 있습니까?

하나님께서는 사람에게 자유의지를 주시면서 선악과라는 울타리를 만들어주셨는데 그것은 사람을 구속하는 것이 아니라 사탄의 침범을 막기 위해서였습니다. 그러나 아담과 하와는 사탄의 유혹에 빠짐으로써 그 자유의지를 잃어버리고 죄의 종노릇하는 존재가 되고 말았습니다. 하나님은 죄의 종노릇하는 인간을 내버려두실 수가 없어서 예수님의 십자가 피로 값을 치르시고 백성들에게 다시 자유를 찾아주셨습니다. 성도는 죄의 종이 됨으로써 잃어버렸던 자유의지를 다시 소유한 사람들입니다. 이제 우리는 죄의 종에서 해방되어 하나님을 자유롭게 사랑할 수 있는 존재들이 되었습니다. 물론 그럼에도 불구하고 영으로 죽었던 존재들이기 때문에 자꾸 육체로 돌아가려는 속성이 여전히 남아 있습니다. 그래서 하나님은 성도가 자유의지로 선택한 대로 갚아주시게 되는 것입니다.

1 당신이 하나님을 가장 사랑했던 때를 이야기해 보십시오.

2 지금 당신은 하나님을 얼마나 사랑하고 있습니까? 이 모든 일들은 당신의 자유의지로 행하고 있는 것입니까?

마무리 기도

사탄의 종노릇하지 못하도록 선악과를 허락하셨던 아버지 하나님. 오늘도 하나님의 사랑 안에서 자유롭게 신앙생활 할 수 있도록 하심을 감사드립니다. 그것은 전적으로 하나님의 은혜이며 예수님께서 우리 죄 값을 사탄에게 지불하시고 자유를 선물하심으로써 우리가 더 이상 죄의 종노릇하지 않고 오히려 자원하여 하나님의 종이 되어 하나님의 뜻을 따를 수 있음을 다시 한 번 고백합니다. 아담과 하와가 선악과를 따먹을 것을 아시면서도 선악나무를 만드신 것은 스스로의 의지를 가지고 하나님을 사랑하기를 원하신 것이었고 혹시 인간에게 영원한 형벌이 될지라도 자유에 대한 책임을 깨우치기 위해서이심을 믿습니다. 만약에 인간이 선악과를 따먹으려는 순간에 나타나셔서 뱀을 쫓아내시고 그것을 막으셨다면 그것은 이미 자유의지가 아닌 줄 압니다.

아버지 하나님. 우리는 그렇게 예수님의 희생을 통하여 죄에서 벗어나 자유로운 영혼들이 되었습니다. 그리고 우리는 이제 그 자유를 가지고 하나님을 사랑하며 섬기는 사람들이 되었습니다. 죄의 종에서 해방되어 자유의 사람이 되게 하신 분은 예수님이시지만, 구원받은 백성으로서 하나님의 자녀로 살아가게 된 우리들에게는 역시 자유를 따라오는 책임과 의무를 함께 지게 된 것을 믿습니다. 열심히 믿는 것도 자유요 게으른 것도 자유이지만 우리는 저 하늘의 상급을 바라고 마음껏 그 자유를 사용할 수 있도록 성령님으로 도와주시옵소서. 우리에게 자유를 선물하시고 하나님을 마음껏 사랑할 수 있도록 허락해주신 예수 그리스도의 이름으로 기도드립니다. 아멘.

제 6 과
아담의 죄가 어떻게 모든 인간의 죄가 되죠?

　　　　이 질문은 어떻게 원죄라는 것이 있을 수 있느냐는 내용입니다. 왜냐하면 선악열매는 아담과 하와가 따먹은 것이지 그 아들 가인과 아벨이 따 먹은 것이 아니기 때문입니다. 하지만 아담이 선악열매를 따먹고 에덴동산에서 쫓겨난 후에 그 아들 가인이 아벨을 죽이는 일이 일어났습니다. 죄가 존재하지 않았던 에덴동산에서는 결코 그런 일이 일어날 수 없지만 타락하여 쫓겨난 세상, 곧 죄의 종이 되어버린 이 세상에서는 가능하다는 것입니다. 다시 말하자면 아담의 죄가 가인에게 전가된 것이 아니라 아담을 통하여 이 세상에 들어온 죄가 들어온 상태를 계속 유지하고 있다는 뜻입니다.

　성경에는 원죄라는 용어가 없습니다만, 인간의 구원을 설명하기 위해서는 원죄의 개념이 반드시 필요해지는 것입니다. 물론 필요하기 때문에 개념을 만들어낸 것이 아니라 죄 사함의 원리를 설명하는 과정에서 원죄라는 용어를 사용하게 된 것입니다. 용어가 만들어지기 전에 이미 그 개념은 뚜렷이 존재하고 있었습니다. 아무튼 죄로 인하여 가로막혀있던 하나님과 사람의 관계에서 이 죄의 상태를 씻어내지 않는 이상 구원이란 있을 수 없음을 알아야 하겠습니다. 원죄와 죄에 대해 살펴보겠습니다.

1. 아담의 불순종으로 세상이 변했습니다.

아담과 하와의 단 한 번의 불순종으로 세상은 완전히 뒤바뀌어버렸습니다. 모든 것이 완벽하던 에덴과 달리 세상은 최악으로 치닫기 시작했습니다. 죄의 종이 되어버린 결과였습니다.

1 아담은 가족들의 생명을 유지하기 위해 어떻게 해야만 했습니까? (창 3:17, 19)

2 하와에게는 어떤 변화가 생겼으며 평생을 어떻게 보내야만 하게 되었습니까? (창 3:16)

3 아담의 불순종으로 말미암아 먹고 살아야 할 근원인 땅이 어떻게 저주를 받게 되었습니까? (창 3:18)

4 뱀은 어떻게 저주를 받았으며 뱀과 하와의 관계는 어떻게 변화되었습니까? (창 3:14-15)

2. 아담의 불순종은 죄의 통로가 되었습니다.

그렇다면 아담 한 사람의 불순종이 어떻게 모든 인간에게 그런 저주를 낳게 할 수 있단 말입니까? 하지만 그런 질문은 죄와 죽음의 속성을 모르기 때문에 가능한 이야기입니다.

1 성경은 아담의 죄가 아들에게 유전된 것이 아니라 아담이 어떤 역할을 했다고 설명합니까? (롬 5:12)

2 하지만 아담은 결과에 대해 아무것도 모른 채 자유의지를 가지고 선악과를 따먹은 것이 아닙니까? (창 2:17)

3 아담의 범죄는 어떤 기능을 했으며 하나님은 죄의 종이 된 사람들을 어떻게 구원하십니까? (롬 5:17)

4 아담을 통하여 죄가 들어와서 타락한 세상이 되었지만, 또 다른 시각으로는 어떻게 볼 수 있습니까? (창 3:23)

3. 죄는 보편성과 절대성을 가집니다.

이렇게 아담의 불순종을 통해 들어온 죄는 단순히 아담과 하와가 불순종한 죄로만 그치는 것이 아니라 모든 인간에게 모든 종류의 죄로 적용되는 결과가 되어버린 것임을 알아야 한다.

1 아담의 불순종으로 인하여 들어온 죄는 어떤 사람들에게 적용되는 것이겠습니까? (롬 3:23)

2 그렇기 때문에 예수님으로 인하여 구원이 임하기 이전의 인간들은 어떤 상태에 있는 것입니까? (롬 3:19)

3 만약에 어떤 사람이 자신에게는 죄가 없다고 주장한다면 그것은 어떤 말과 같은 것이겠습니까? (요일 1:8, 10)

4 아주 작은 죄라도 있으면 죄인입니다. 이것은 죄의 절대성인데 이것을 말씀하신 이유는 무엇입니까? (롬 3:19)

4. 이것을 우리는 원죄라고 부릅니다.

원죄는 하나님과의 관계에서 출발합니다. 인간들끼리의 상대적인 죄가 아니라 깨어진 하나님과의 관계에서 출발하는 보편적이고 절대적인 죄입니다. 인간 사이의 죄도 여기에서부터 출발합니다.

1 도덕적인 죄와 달리 원죄는 어디에서부터 출발하기 때문에 모든 사람에게 적용되는 것입니까? (요일 3:8)

2 원죄와 도덕적인 죄는 어떻게 다르며 두 가지 죄의 관계는 어떻게 설명할 수 있습니까?

3 인간들이 마귀에게 속한 원죄로부터 비롯되는 죄악들은 대개 어떤 모습으로 나타나게 됩니까? (마 15:19, 창 6:5)

4 인간은 원죄로 인하여 죄의 종노릇하게 되었지만 하나님의 심판은 어떤 죄에 대하여 이루어집니까? (골 2:13)

5. 그리스도로 인하여 원죄에서 해방됩니다.

인간은 마귀의 종이 되어 하나님께로부터 완전히 멀어졌지만 하나님은 그 원죄를 해결하고 죄 사함 받을 수 있는 길을 열어주셨습니다. 그 길은 죄 없으신 예수님을 통해서 열려집니다.

1 아담을 통해 들어온 인간의 죄는 어떤 원리를 통하여 깨끗하게 만들 수 있게 되었습니까? (롬 5:19)

2 예수 그리스도를 통하여 사람들의 모든 죄를 씻을 수 있는 원리는 또 무엇입니까? (고후 5:15)

3 그럼에도 불구하고 성도들에게조차 여전히 죄가 강한 영향력을 끼치고 있습니다. 그 이유는 무엇입니까? (롬 5:25)

4 그러므로 성도라고 할지라도 죄를 짓지 않기 위해 무엇을 의지해야 하겠습니까? (요일 5:4)

6. 당신은 죄의 상태(원죄)를 이기고 있습니까?

우리가 예수 그리스도를 믿음으로써 죄 사함 받고 의인이 되어 구원에 이르게 된 것은 오로지 예수 그리스도의 십자가 희생의 공로입니다. 그리고 죄 사함 받았다는 의미는 하나님과 단절되었던 원죄에서 해방되었음을 뜻합니다. 또한 마귀와 죄의 종노릇하던 데에서 해방되어 자유롭게 된 것을 뜻합니다. 이것으로써 그리스도를 믿는 사람들은 구원받아 천국에 이르게 될 것입니다. 그렇지만 원죄를 씻음 받았다고 해서 다른 도덕적인 죄들에서도 완전히 해방되는 것은 아닙니다. 이 도덕적인 죄들은 예수님의 이름으로 회개할 때 사함 받을 수 있습니다. 또한 구원받은 백성으로서 일반적인 죄(자범죄)와 싸워서 이길 수 있도록 말씀과 기도에 힘쓰고 성령님의 능력을 의지함으로써 이겨나가야만 하는 것입니다.

1 당신은 하나님과 단절되었던 죄(원죄)를 믿음으로 사함 받고 구원 받은 하나님의 자녀가 되었습니까?

2 당신은 죄의 유혹이 올 때 어떻게 이겨나가고 있습니까?

하나님을 떠나 죄의 종노릇하던 우리를 예수님의 보혈로 구원해 주신 아버지 하나님, 참으로 아버지의 은혜를 뜨겁게 찬양하며 감사드립니다. 아담이 죄의 통로가 되어 모든 인간이 사탄의 종이 되었지만 하나님께서 성자 예수님을 보내주심으로써 우리는 죄로부터 자유를 얻고 하나님의 자녀가 되었습니다. 이 구원은 우리의 힘이나 노력이나 능력으로는 전혀 이룰 수 없는 일이며 오로지 하나님의 절대적인 은혜로만 가능한 것임을 믿고 고백합니다. 이 은혜를 잠시라도, 아주 조금이라도 잊어버리지 않고 늘 감사하며 살 수 있도록 우리를 도와주옵소서. 그 길만이 우리가 죄를 짓지 않고 구원받은 백성으로서 살 수 있는 길임을 믿습니다.

하지만 하나님 아버지, 그럼에도 불구하고 세상에서 우리는 날마다 크고 작은 죄들 가운데 있음을 고백하지 않을 수 없습니다. 물론 이런 죄들은 도덕적인 죄이거나 마음속에 우리도 모르게 생겨나서 지을 수밖에 없는 죄들이지만, 거룩하신 하나님의 뜻대로 살아가야 하는 우리들로서는 괴로울 때가 너무나도 많습니다. 이런 죄들을 이길 때도 있지만 어쩔 수 없이 굴복하거나 때로는 죄인 줄도 모르고 지은 죄들도 있습니다. 이것을 해결할 수 있는 방법은 하나님 앞에 진실하게 회개하는 길밖에는 없습니다만, 그 이전에 이런 죄들을 가능하면 짓지 않고 살 수 있도록 우리를 도와주시옵소서. 말씀과 기도로 성령님의 능력에 의지하여 이길 수 있도록 만들어주시옵소서. 우리의 모든 죄를 십자가에서 담당하신 예수 그리스도의 이름으로 기도드립니다. 아멘.

제 7 과
착하게 살면 천국 가는 것 아닌가요?

　　　　많은 사람들이 오해하는 것 중의 하나는 천국에는 착한 일을 많이 함으로써 갈 수 있다는 단순한 생각입니다. 착한 행위를 많이 함으로써 천국에 간다는 이 말은 굉장히 논리적인 생각이라고 여겨질 것입니다. 왜냐하면 이 말은 보상의 원리에 근거를 두고 있기 때문입니다. 보상의 원리는 이 세상의 모든 가치를 대변하는 논리입니다. 노력한 만큼 보상을 받고 공로가 있으면 상이 따라옵니다. 그래서 공로가 큰 사람이 당연히 많은 물질과 지위와 명예를 누리는 것이라고 생각합니다. 그래서 천국도 당연히 거기에 맞는 착한 일을 많이 한 사람의 차지가 될 것이라고 생각하는 것입니다.

　하지만 착한 일을 많이 한 사람에게 천국이 보장된다면 그 천국은 인간 세상의 어느 한 곳에 존재할지도 모르는 천국이 될 가능성이 큽니다. 곧 그렇게 갈 수 있는 천국이라면 인간이 만들어낸 곳이 될 것이라는 말입니다. 하지만 천국이란 사람의 노력으로 갈 수 있는 곳이 아닙니다. 인간의 힘이나 능력으로 갈 수 없는 곳이기 때문에 우리는 하나님을 믿고 예수 그리스도의 공로에 힘입어서 가게 되는 것입니다. 아무리 착하게 살아도 내면에는 죄가 없는 사람이 없습니다. 똑같은 상황이 닥치면 누구라도 죄를 지을 수밖에 없다는 말입니다. 그래서 노력으로 갈 수 없다는 것입니다.

1. 사람을 향한 하나님의 마음을 아십니까?

구원에 관해서 충분한 이해를 가지려면 우선 사람에 대한 하나님의 마음을 알아야 합니다. 성경에 하나님의 마음에 대해 많이 나와 있지만 하나님의 인간구원 계획을 보면 분명히 알 수 있습니다.

1 인간을 향하신 하나님의 전체적인 계획이 모든 사람들의 구원임을 어떻게 알 수 있습니까? (마 5:45)

2 하지만 이미 하나님을 잃어버린 사람들에 대해서 하나님은 우선 어떻게 심판하십니까? (롬 1:28)

3 하나님께서 인간들이 결코 돌이킬 수 없다고 판단하셨을 때 행하신 두 가지 일은 무엇입니까? (창 7:23. 창 11:6, 8)

4 하나님은 지속적으로 인간구원을 위해 애쓰셨습니다. 대표적인 것 두 가지만 이야기하십시오. (레 5:10, 마 23:37)

2. 왜 모든 사람을 구원하지 못하실까요?

구원이란 죄가 없어진 사람들이 천국으로 가는 것을 말합니다. 그런데 구원에 방해가 되는 죄라는 것은 죄를 지었느냐 안 지었느냐의 구분이 아니라 죄가 있느냐 없느냐(상태)의 구분인 것입니다.

1 착하다는 개념은 죄를 안 지었다는 말입니다. 그러면 착한 사람들에게는 죄가 없을까요? (요일 1:8)

2 죄를 짓지 않고 착한 일을 많이 해도 그 사람이 죄인일 수 있는 것은 무슨 까닭입니까?

3 천국과 지옥을 구분하는 기준인 죄의 상태라는 것은 무엇을 말하는 것입니까?

4 모든 사람들에게 죄가 있는 상태라는 것은 무엇으로 알 수 있습니까?

3. 행위만으로는 구원이 불가능합니다.

단지 범죄행위를 하지 않을 뿐만 아니라 수많은 사람들을 위해 헌신하고 재산을 팔아서 나누어줄 정도로 의로운 사람이라고 해도 단지 그런 행위만으로 구원에 이르는 것은 불가능합니다.

1 착하고 의로운 일을 열심히 행함으로써 구원받으려고 해도 그것이 불가능한 이유는 무엇입니까? (롬 3:20)

2 죄와 관련하여 선한 행위로 구원이 불가능한 보다 근원적인 이유는 무엇이겠습니까? (롬 6:17-18)

3 사람의 행위로 구원이 가능하게 하신다면 선한 행위를 많이 한 사람에게는 어떤 현상이 일어나겠습니까? (마 23:5-7)

4 행위의 공로로 인하여 구원 받을 수 없는 또 다른 이유는 무엇이겠습니까? (롬 3:24)

4. 구원은 하나님의 선물이요 능력입니다.

만약에 사람이 자기 죄를 씻거나 구원받기 위해 죽도록 고생하며 노력함으로써 무엇을 이룰 수 있다면 그것은 일종의 보상이 되어버립니다. 행위에 대한 보상으로는 구원받을 수 없습니다.

1 그렇다면 구원은 어떻게 무엇을 통하여 얻을 수 있는 것입니까? (엡 2:8)

2 구원이 하나님의 선물이라면 인간의 행위를 보고 하나님께서 선물로 구원을 주실 수 없는 이유는 무엇입니까? (엡 2:9)

3 왜 구원은 반드시 하나님께서 아무 값없이 주시는 선물이어야만 하는 것입니까?

4 하나님의 선물이라고 해도 믿는 사람이라면 누구나 구원을 받을 수 있는 이유는 무엇입니까? (고전 1:18)

5. 구원은 예수님을 믿음으로만 가능합니다.

인간구원의 능력은 신비롭습니다. 착한 성품과 의로운 행위가 아니라 오직 예수 그리스도를 통해야 하는데, 무슨 특별한 능력이 아니라 예수님의 고난과 죽으심을 통하여 이루어지기 때문입니다.

1 아담이 지은 불순종의 죄는 모든 인간에게 어떤 결말을 가져왔습니까? (창 3:19, 23)

2 인간의 구원을 위해 인간 자신이 아니라 다른 어떤 특별한 존재가 필요해지는 이유는 무엇입니까? (롬 6:6)

3 구원을 얻기 위하여 예수님을 믿는다는 것은 무슨 의미가 있습니까? (롬 10:9-10)

4 예수님은 인간을 대신하여 모든 고통을 감당하셨습니다. 사람의 죄를 대신 질 수 있는 조건은 무엇이겠습니까? (롬 5:18)

6. 착하게 사는 것만으로는 부족합니다.

착한 삶을 사는 것만으로 구원에 이를 수는 없습니다. 아무리 착한 일을 많이 하고 세상에서 의미하는 죄를 전혀 짓지 않았다고 하더라도 그 사람은 여전히 죄의 상태에 놓여 있기 때문에 그 행위나 공로만으로는 결코 구원에 이를 수가 없습니다. 인간의 구원은 죄의 결과로서 받게 된 죽음을 대신할 수 있는 예수 그리스도의 죽으심과 부활을 믿는 믿음이 아니면 그 어떤 사람에게도 주어질 수 없습니다. 그렇기 때문에 모든 인간에게는 예수님이 가장 큰 선물이며 능력이 되는 것입니다. 하지만 예수 그리스도를 믿음으로써 구원을 받았다고 해서 다른 여러 가지 죄에서 자유로워도 된다는 뜻은 아닙니다. 죄의 상태에서 해방되어 자유를 얻었다면 그 자유의지를 가지고 더욱 세상 법을 철저하게 지켜야 합니다.

1 착하고 의로운 일을 많이 함으로써 그의 모든 죄에서 해방될 수 있는 사람을 본 일이 있습니까? 왜 없습니까?

2 당신은 죄의 종에게서 해방된 이후로 어쩔 수 없이 스스로 지은 죄들을 어떻게 처리하고 있습니까? (요일 1:9)

　　우리에게 말할 수 없는 큰 은혜를 주셔서 구원에 이르게 하신 아버지 하나님, 진심으로 감사드리고 또 감사드립니다. 아무리 노력해도 우리들의 힘으로는 천국에 이를 수 없는데, 그리고 그것을 믿지 못하는 수많은 사람들 중에서 우리가 하나님의 능력으로 구원받게 하신 은혜를 생각할 때 아무 것도 한 일이 없는 우리로서는 감격할 수밖에는 없습니다. 그래서 우리는 예수님의 희생으로 말미암는 구원을 선물로 받았으니 그 은혜를 결코 망각하지 않고 은혜에 합당한 삶을 살 수 있도록 도와주시고, 우리가 받은 은혜를 많은 사람들에게 전파할 수 있도록 힘을 더하여 주옵소서.

　　아버지, 하나님을 모르는 사람들은 스스로 죄인임을 알지도 못하고 깨닫지도 못하며 죄에서의 구원을 믿으려고 하지 않고 천국의 존재도 부인할 뿐더러 혹시 인정해도 왜 꼭 예수를 통해서만 갈 수 있느냐고 반문할 것입니다. 그러므로 우리는 적어도 그들의 의구심을 논리적으로 설명해야 할 것입니다. 더구나 우리 신앙인들 중에서도 아직 믿음이 약하여 천국의 존재나 믿음의 능력에 대해서 일말의 의혹을 가진 성도들도 있을 것인데, 이런 의구심을 해결하지 못하면 확신 있는 신앙인으로서의 삶을 살기에 부족한 점이 있을 것입니다. 아버지, 오늘 이 시간에 함께 살펴본 이 내용이 우리들 마음속에 확신으로 나타나서 더욱 힘 있는 신앙생활을 할 수 있도록 만들어 주옵소서. 십자가 희생을 통하여 구원의 선물을 허락하신 예수 그리스도의 이름으로 간절히 기도드립니다. 아멘.

제 8 과
예수님은 동정녀에게서 태어났다면서요?

　　　　남자를 모르는 처녀(동정녀)가 아기를 낳았다면 어느 누구도 처녀의 말을 믿으려고 하지 않을 것입니다. 아무리 처녀가 사실이라고 주장하더라도 전혀 설득력이 없을 뿐입니다. 그런데 인간을 죄에서 구원하실 구원자 예수님이 처녀의 몸에서 태어났다는 말을 믿으라는 말인가요? 인간을 구원한다면서 왜 하필 그런 방법으로 구원자가 세상에 와야 한다는 말입니까? 예수님의 동정녀 탄생을 증명할 만한 수단은 전혀 없습니다. 그러면 어떻게 예수님의 동정녀 탄생을 믿으라는 것입니까? 이럴 때에도 주장할 수 있는 근거는 성경 밖에는 없습니다.

　물론 믿는 사람은 이렇든 저렇든 성경에 기록된 말씀을 전혀 의심 없이 진실로 받아들입니다만, 믿음 이외에는 방법이 없는 이 사실을 주장할 수 있는 근거가 성경 밖에는 없다는 말입니다. 그리고 그나마 더 타당성 있는 근거로 제시할 수 있는 것은 당위성이라고 할 수 있습니다. 그렇게 되지 않으면 안 되는 어떤 이유를 말하는 것입니다. 물론 그 당위성이라는 것도 성경에 있는 내용을 바탕으로 하는 것입니다. 하지만 중요한 것은 그것이 이미 예언되어 있었다는 점입니다. 하나님께서 인간의 구원을 위해서 이미 작정하신 것이 바로 메시아의 동정녀 탄생이라는 것입니다.

1. 왜 마리아와 요셉입니까?

작은 시골 마을의 처녀인 마리아에게 메시아 탄생의 신비한 역사가 일어났습니다. 약혼자 요셉에게도 미리 알려주셨습니다. 마리아와 요셉은 어떤 사람이기에 하나님께서 택하셨을까요?

1 약혼한 상태의 마리아에게 천사가 나타나 전해준 핵심은 무엇이었습니까? (눅 1:30-33)

2 하지만 천사의 다음 말을 듣고 마리아는 어떤 반응을 보였습니까? (눅 1:37-38)

3 요셉이 또 문제였습니다. 요셉의 꿈에 천사가 나타났을 때 요셉은 어떤 반응을 보였습니까? (마 1:24-25)

4 하나님께서 보시기에 쓰실 만한 사람의 특징이 마리아와 요셉에게 어떻게 나타났습니까? (참고, 신 1:36)

2. 이미 성경의 예언이 성취된 것입니다.

메시아의 동정녀 탄생은 상황에 따라 그냥 일어난 일이 아니라 인간타락 이후에 인간구원을 위하여 하나님께서 이미 계획하고 계셨던 일입니다. 하나님의 약속이 마리아를 통해 성취된 것입니다.

1 하와를 유혹하여 선악과를 먹는 불순종의 죄를 짓게 만든 뱀에게 하나님은 어떤 저주를 내리셨습니까? (창 3:15)

2 여자의 후손이 뱀의 머리를 상하게 하고 뱀은 그의 발꿈치를 상하게 할 것이라는 말씀은 무슨 뜻입니까? (히 2:14)

3 여자의 후손이란 그리스도 예수님은 말합니다. 그런데 왜 예수님을 다윗의 자손이라고 하겠습니까? (마 1:20)

4 이스라엘은 원래 남자의 계보를 말하는데 왜 예수님은 여자의 후손이라고 말하는 것입니까? (사 7:14)

3. 말씀이 육신이 되시기 위함입니다.

하나님은 말씀으로 만물을 창조하셨습니다. 성경은 말씀이 곧 하나님이라고 말합니다. 사람의 말 속에는 과장이나 거짓이 있을 수도 있지만 하나님의 말씀은 말씀하신 그대로 이루어집니다.

1 인간구원은 죄인인 인간으로는 불가능합니다. 말씀 곧 하나님께서 이것을 어떻게 해결하셨습니까? (요 1:14)

2 동정녀 잉태는 의학적으로는 전혀 불가능합니다. 하지만 하나님은 어떤 방식으로 이 일을 성취하십니까? (창 1:24)

3 다른 생물들은 말씀으로 만드셨지만 사람은 흙으로 만드시고 나서 어떻게 하셨습니까? 이유는 무엇입니까? (창 2:7)

4 과학적으로 입증할 수 없는 예수님의 동정녀 탄생을 통한 구원을 우리는 어떻게 받을 수 있습니까? (히 11:3)

4. 예수님이 무죄하셔야 하기 때문입니다.

예수님의 동정녀 탄생의 두 번째 당위성은 죄인들을 위해 대속자가 되시려면 죄가 없어야 하기 때문에 남자를 통해서가 아니라 동정녀를 통해서 태어나신 것입니다.

1 우선 모든 사람은 죄인이라는 사실이 전제되어야 합니다. 성경은 무엇이라고 말하고 있습니까? (롬 3:23)

2 우리가 모두 죄인이지만 하나님의 은혜 덕분에 죄 사함을 받았습니다. 무엇 때문에 그렇게 될 수 있습니까? (엡 1:7)

3 하지만 예수님의 피로 죄 사함을 받으려면 어떤 전제가 있어야 하겠습니까? (요일 3:5)

4 예수는 그냥 혁명가였다, 성령께서 잠시 머물렀었다는 이단의 주장이 타당하지 못한 이유는 무엇입니까? (행 10:43)

5. 예수님이 대표자라야 하기 때문입니다.

천사가 아니라 동정녀 탄생을 통해서라도 사람으로 태어나셔야만 하는 세 번째 당위성은 모든 사람의 대표자가 되셔야 하기 때문입니다. 그렇지 않으면 사람의 수만큼 대신 죽으셔야 합니다.

1 예수님께서 대표자로서 죽으신다고 해도 인간의 죄 사함이 효력을 가지기 위해서는 무엇이 반드시 필요합니까? (롬 14:9)

2 예수님의 피로 우리를 구원하시려면 사람과 동일한 조건을 갖추셔야 합니다. 어떤 과정을 보여주셨습니까? (히 4:15)

3 하나님의 은혜로 우리가 죄 씻음과 함께 치유와 회복을 얻을 수 있는 근거는 어디에 있습니까? (벧전 2:24)

4 구약의 짐승제사와 연결할 때 예수님은 이 땅에 어떤 역할을 감당하기 위해 오신 것입니까? (요일 4:10)

6. 사람이면서 하나님이심을 믿습니까?

예수님의 동정녀 탄생을 결론적으로 이야기하면 예수님은 사람이면서 하나님이라는 말입니다. 하나님으로서 사람들의 죄를 씻으시기 위해 완전한 보통 사람으로 세상에 오셨다는 것입니다. 기독교의 진리는 여기에서부터 출발합니다. 죄인인 사람들의 죄를 사해주시고 구원해 주시고 영생을 허락하시려면 사람들과 똑같은 존재여야 하되 죄가 없는 분이어야 합니다. 그 어떤 사람이 누군가의 죄를 대신해서 감당할 수는 없습니다. 다 같은 죄인이기 때문입니다. 그래서 죄가 없으신 한 분 예수님의 죽으심으로 인간의 모든 죄를 씻을 수 있게 되는 것입니다. 여기에 해당되는 분은 하나님이신 예수님밖에는 없습니다. 그런 조건을 충족시키기 위해 예수님은 동정녀 마리아에게서 태어나신 것입니다.

1 예수님께서 보통 사람이라는 점에서 당신은 어떤 은혜를 받게 됩니까? 사람으로서 당하신 고난을 생각해보십시오.

2 예수님께서 하나님이라는 사실은 당신에게 어떤 은혜를 줍니까? 하나님의 속성을 생각해보십시오.

마무리 기도

　　우리를 위해 친히 이 땅에 내려오셔서 우리와 똑같은 삶의 과정을 체득하시고 우리의 죄와 상처와 죽음을 감당하시고 승리하게 하신 사랑의 아버지 하나님. 수많은 사람들 가운데 예수님의 동정녀 탄생을 믿고 거기에 의지해서 영생을 얻게 하심을 진심으로 감사드립니다. 비록 우리가 예수님의 그 구원의 공로를 따라 살지 못할 때가 너무나도 많이 있지만, 우리가 그 사랑과 은혜 가운데 사는 것만은 틀림이 없습니다. 우리가 더욱 하나님의 은혜를 날마다 의지하면서 세상의 모든 흐름을 거슬러 올라가 날마다 하나님께 영광을 돌려드릴 수 있기를 소원합니다. 그리고 더욱더 그리스도 예수님을 수많은 사람들에게 전달할 수 있도록 도와주옵소서.

　아버지 하나님. 그렇지만 사람의 생각으로는 이해할 수 없는 예수님의 동정녀 탄생에 대해서는 신앙을 가진 사람들 중에서도 믿지 못하는 사람들이 있을 정도로 보통 사람들에게는 믿기 힘든 진리인 것도 사실일 것입니다. 복음은 이런 모든 것은 전부 포함할 때 구원의 능력이 있는 것인데 이것을 믿지 못하는 사람들에게 우리가 들려줄 수 있는 이야기들을 먼저 잘 깨닫게 하심을 감사드립니다. 우리로 하여금 더욱 확고한 믿음을 가지게 하시고 그 확신을 가지고 세상을 살아가면서 늘 승리하도록 도와주시옵소서. 우리의 믿음도 성령님의 능력으로 가능하게 된 것인 만큼 세상의 삶의 원리를 따라가지 않고 성경의 말씀을 따라 살 수 있도록 해 주시옵소서. 우리를 위해 십자가에서 희생하신 예수 그리스도의 이름으로 기도드립니다. 아멘.

제 9 과
기독교는 이스라엘 종교 아닙니까?

"**우리나라** 종교도 있는데 왜 외국종교를 믿습니까?" 과거에 기독교를 비판하는 이유 가운데 가장 많은 내용이 바로 기독교가 외국종교라는 말이었습니다. 얼핏 들으면 충분히 이유 있는 견해인 것처럼 들립니다. 하지만 정확한 사실들을 파악하다 보면 외국종교라는 것이 꼭 기독교에만 국한되는 것은 아니라는 사실을 알 수 있습니다. 예를 들어 우리나라의 대중종교이며 무속과도 연관이 깊은 불교만 보아도 전혀 우리나라 종교가 아닙니다. 물론 인도의 불교가 우리나라로 넘어오면서 특색을 지니게 된 것은 사실이지만 그렇다고 불교가 우리나라 고유의 종교인 것은 결코 아닙니다.

또한 유교 역시 우리나라 고유의 종교는 아닙니다. 사실 유교라고 하지만 실제로는 제사를 지내는 의식인데, 중국의 주공이라는 사람이 공자의 사상을 근간으로 만들어낸 제사예식으로부터 비롯된 것임을 알 수 있습니다. 종교라고 하기보다는 효도와 충성의 가정 및 국가의 례예식이라고 할 수 있습니다. 우리나라 고유의 종교들도 어떤 절대자를 믿는 것이 아니라 사회의 필요에 맞추어서 만들어낸 사회운동, 도덕운동이라고 할 수 있습니다. 기독교가 외국종교라고 해서 배척해도 되는 것은 아닙니다. 참된 종교는 어떤 나라나 민족에 국한되지 않습니다.

1. 우리나라의 거의 모든 종교는 외국종교입니다.

일반적인 종교들을 사전 등에서 찾아보면 그 기원과 역사와 핵심적인 내용들을 대부분 파악할 수 있습니다. 대부분의 대종교는 외국 종교였으며, 일부 국내 종교들도 일종의 사회운동입니다.

1 우리나라의 대표적인 대종교인 불교의 기원과 역사를 간략하게 이야기해 보십시오. 불교는 한국 고유의 종교입니까?

2 그렇다면 우리나라 고유의 종교라고 알려진 유교의 유래와 한국에 끼친 영향력을 이야기해 보십시오.

3 우리나라의 고유종교로 알려진 천도교나 원불교는 어떤 기원을 가지고 있으며 특징은 무엇입니까?

4 유교나 천도교, 원불교는 종교라고는 하지만 사실상 무엇을 믿는 종교들입니까?

2. 기독교의 근원은 이스라엘이 아닙니다.

보통 기독교를 이스라엘 종교로 아는 사람들이 많습니다. 물론 기독교가 이스라엘의 종교에서 유래된 것은 맞지만 이스라엘의 종교는 유대교입니다. 지금도 이스라엘은 유대교 국가입니다.

1 기독교의 근원이 이스라엘에만 국한되지 않는 이유는 무엇입니까? (창 1:26-28)

2 그렇다면 이스라엘의 시조인 아브라함을 통하여 기독교로까지 이어지게 하신 이유는 무엇이겠습니까? (갈 3:8)

3 이스라엘이 기독교의 뿌리가 아닌 결정적인 근거가 되는 이유는 무엇이겠습니까? (행 4:10)

4 결국 기독교는 이스라엘이 아니라 오히려 무엇을 통해 전 세계에 전파되었습니까? (히 4:6, 행 23:11)

3. 율법도 이스라엘만의 것이 아닙니다.

이스라엘 백성들은 하나님께서 모세를 통하여 주신 율법에 대해 대단한 자부심을 가지고 율법 없는 백성들을 멸시했습니다. 하지만 이 율법이라는 것은 이스라엘 백성들만의 전유물은 아니었습니다.

1 율법이란 이스라엘의 민족적 특징과 질서를 위해 허락하신 것입니다. 이방인들은 어떻습니까? (민 9:14)

2 이스라엘에게 율법을 주셨다고 해서 하나님은 이스라엘만의 하나님입니까? (롬 3:29)

3 율법에 속한 하나님의 거룩한 성전은 이스라엘 백성들만의 것이었습니까? (왕상 8:43)

4 그렇다면 기독교는 이스라엘에 뿌리를 둔 서양종교라고 해야 하는 것입니까?

4. 죽음 이후에 영생 얻는 종교가 진리입니다.

참된 종교는 어디에서 시작되었는지가 중요한 것이 아닙니다. 영혼을 소유한 인간은 죄와 죽음에는 차이가 없기 때문입니다. 핵심은 믿음의 대상과 믿음의 과정이 무엇인가 하는 점입니다.

1 창조주 하나님을 믿는 것이 참 진리인데, 그 진리에 도달할 수 있는 유일한 길은 무엇입니까? (행 4:12)

2 하지만 예수님께서 죽음과 죄와 영생과 종말의 문제를 어떻게 해결하실 수 있다는 말입니까? (요 11:25-26)

3 예수님을 믿으면 영원히 죽지 않는다는 말씀(요 11:26)은 어떻게 보아야 하겠습니까? (요 3:36)

4 그러므로 영생이란 실제적으로 어떤 일이 일어나는 순간부터 시작된다는 말입니까? (요 17:2-3)

5. 신앙인은 영적 이스라엘입니다.

그러면 어떻게 모든 사람들이 이스라엘에서 시작된 기독교 아래 있을 수 있게 되었겠습니까? 어떻게 기독교가 국가나 민족이나 언어를 망라하는 보편적인 진리가 될 수 있겠습니까?

1 기독교가 보편적인 종교가 될 수 있는 이유는 인간들이 공통적으로 가지고 있는 무엇 때문이겠습니까? (롬 8:11)

2 이스라엘은 두 가지로 볼 수 있습니다. 기독교와 이스라엘은 어떤 관계에 있겠습니까? (롬 15:27)

3 영적 이스라엘이라는 말은 육적인 민족을 뛰어넘어 무엇을 근간으로 주어지는 진리이겠습니까? (갈 3:8)

4 그래서 복음을 받아들인 사람들은 아브라함과 어떤 관계에 놓이게 되는 것입니까? (갈 3:7)

6. 이스라엘은 복음의 통로였습니다.

하나님은 아브라함을 통하여 모든 민족들이 복을 받게 될 것이라고 하셨습니다(창 12:3). 결코 아브라함과 그 후손들에게만 복을 주시는 것이 아니었습니다. 아브라함은 하나님의 구원계획에서 아주 중요한 역할을 감당한 위대한 믿음의 사람이었습니다. 하나님께서 이 아브라함으로부터 이스라엘 민족으로 자라게 하시고 그 이스라엘을 통하여 전 세계 모든 사람들에게 구원의 길을 제시하셨습니다. 다만 구원의 통로여야 할 이스라엘은 율법 속에 갇혀버린 채 오히려 메시아 예수님을 십자가에 처형하기까지 했습니다. 하지만 죽으셨던 예수님이 부활하신 후에 기독교복음은 더 이상 이스라엘을 통하지 않고 이방세계를 통하여 오늘날 우리에게까지 전달되었던 것입니다. 그러므로 기독교가 이스라엘 종교라는 말은 결코 바른 표현이 아닌 것입니다.

1 이스라엘이 복음의 통로의 역할을 거부했을 때 그들은 어떤 결말을 맞게 되었습니까? (마 24:2 참조)

2 이스라엘이 복음의 통로였던 것처럼 당신은 얼마나 복음의 통로가 되고 있습니까?

마무리 기도

　　　　인간구원을 위해 아브라함을 택하시고 하나님의 아들 예수 그리스도를 십자가에 못 박히게 내어주신 하나님 아버지, 그 은혜는 그 무엇으로도 갚을 수 없음을 잘 알고 있습니다. 우리는 아무 공로 없이 오직 하나님의 은혜로 구원의 자리에까지 왔습니다. 불러주신 하나님의 뜻에 맞는 삶을 통하여 우리가 또 다른 복음의 통로가 될 수 있도록 도와주옵소서. 아버지, 그런데도 하나님을 모르는 사람들은 기독교 복음이 이스라엘의 것인 것처럼 오해하는 경우가 많습니다. 우리는 기독교 진리가 단지 이스라엘이나 서양에 국한된 것이 아님을 삶으로 보여주어야 할 줄로 생각합니다. 왜냐하면 기독교 복음은 모든 민족에 보편적인 진리이며 오직 영혼을 구원할 수 있는 유일한 길이기 때문입니다.

　아버지 하나님. 기독교를 이스라엘의 종교로 알고 있는 것도 문제이지만, 우리 기독교 안에서 기독교를 진리가 아니라 하나의 종교로 가두어버리고 있는 현실도 심각한 문제일 것입니다. 기독교 복음을 여러 종교 중 하나로 생각해버리면 기독교가 이스라엘의 종교라고 착각하는 것보다 오히려 더 큰 문제가 생길 것입니다. 다른 종교들과 경쟁한다거나 더 큰 교회를 만들기 위해 전도한다고 생각하게 만드는 것이 바로 기독교를 종교로 보게 만드는 일인 줄 믿습니다. 하나님, 외형적인 종교가 아니라 예수 그리스도의 살아있는 복음만을 위해 사는 참된 교회가 되도록 인도해 주옵소서. 우리에게 참 진리를 주시기 위해 십자가에 희생하신 예수님의 이름으로 기도드립니다. 아멘.

제 10 과
다른 종교를 얼마나 아세요?

　　　　　기독교를 흔히 배타적인 종교라고 합니다. 타협이 되지 않고 타종교에 대해 비판적인 태도를 가집니다. 오직 기독교에만 생명이 있고 구원이 있고, 기독교만 참 진리이며 올바른 길이라고 주장합니다. 다른 종교인 또는 교인들의 입장에서는 충분히 비판할 수 있는 말이지만 기독교는 실제로 그런 자세를 가지고 있습니다. 물론 그렇다고 기독교가 타종교에 대해 무조건 공격적인 태도를 가지고 있는 것은 아닙니다. 하지만 기본적인 방향은 다른 종교에 대해 배타적인 것은 틀림이 없습니다. 그래서 사람들은 다른 종교에 대해서 얼마나 안다고 다른 종교를 비판하느냐고 말합니다.

　교회는 이단들에 대해서는 공격적이고 비판적이며 적대적으로 대적하지만, 그것은 이단들이 속임수를 써서 거짓 진리로 교회를 무너뜨리려고 하는 것이기 때문에 직접적으로 대응할 수밖에 없는 것입니다. 그런 모습을 보고 타종교에 공격적이라고 생각할 수는 있을 것입니다. 이단들이야 자기들끼리 싸우는 것이니 그렇다고 해도 다른 종교에 대해서는 얼마나 깊이 안다고 그러느냐고 할 수 있습니다. 중요한 것은 믿음의 대상과 과정과 목적에 있어서 기독교와 다른 종교들 간에는 커다란 차이가 있다는 것입니다. 이 기본적인 원리를 알기 때문에 타종교에 대해 배타적일 수밖에 없는 것입니다.

1. 모든 종교를 믿어봐야 아는 것은 아닙니다.

교회는 아주 다양한 과정을 거쳐서 복음을 믿게 된 사람들로 구성되어 있습니다. 타종교에 깊이 들어갔다가 깨닫고 나와서 기독교 복음을 믿게 된 수많은 사람들이 있다는 것입니다.

1 일반적으로 종교를 가진 사람들이 신앙생활을 하는 목적은 어디에 있겠습니까?

2 종교를 가지고 싶게 만드는 또 다른 이유는 마음이나 영혼의 문제일 것입니다. 대개 어떤 이유로 종교를 가지게 됩니까?

3 전체적으로 볼 때 인생의 문제들을 해결하기 위해 종교를 가지게 된다면 그 종교들 사이에는 어떤 차이가 있겠습니까?

4 그렇다면 기독교는 그런 점에서 어떻게 다릅니까? 기독교도 인생을 복되게 만들어주는 것이 아닌가요? (마 5:3-12 참조)

2. 기독교 진리는 성령께서 믿게 하십니다.

기독교 복음은 자기가 믿고 싶다고 해서 마음대로 믿을 수 있는 것은 아닙니다. 왜냐하면 사람들의 논리로는 기독교 복음을 다 설명할 수 없기 때문입니다. 구원의 복음은 신비 그 자체입니다.

1 십자가 복음이 아무리 구원의 유일한 길이라고 하더라도 사람은 무엇을 통해서만 믿을 수 있습니까? (고전 12:3)

2 기독교 복음을 다른 종교와 일일이 비교하더라도 근본적인 차이점은 어디에서 발견할 수 있겠습니까? (롬 5:6)

3 하나님은 과학이나 학문이나 재판으로 증명할 수 없습니다. 하나님의 존재를 어떻게 믿을 수 있습니까? (요 14:8-9)

4 다른 종교와의 비교나 토론이나 논쟁이 아니라 성령님의 감동과 함께 어떤 방식을 통하여 믿음을 가지게 하십니까? (히 2:4)

3. 종교란 절대자를 의지하는 것입니다.

사람이 만든 철학이나 사상, 운동을 믿는다면 그것은 종교는 아닐 것입니다. 사람이 우상을 만들어놓고 섬긴다면 그것은 원시종교는 될지 몰라도 정상적인 종교라고 할 수는 없을 것입니다.

1 대부분의 종교는 선행이 쌓여서 천국에 간다고 믿고 있습니다. 그렇다면 어떤 결과가 나타나겠습니까?

2 정상적인 종교라면 절대자에게 전적으로 의지함으로써 구원을 받게 할 것입니다. 그런 종교는 어디에 있습니까?

3 만약에 공로를 따라 천국에 간다면 천국에는 어떤 사람들이 넘치겠으며 하나님은 어떻게 되겠습니까? (엡 2:8 참조)

4 다른 종교처럼 도를 닦거나 선행을 함으로써 구원에 이를 수 있다면 결국 예수님은 어떤 분이 되겠습니까? (갈 2:21)

4. 기독교와 다른 종교들의 공통점이 있습니다.

모든 종교에는 공통점이 있습니다. 자신의 연약함과 불안을 메우기 위해 절대자를 찾는 것이기 때문입니다. 근본적으로는 하나님에 의해 창조되었기 때문에 창조주를 찾는 것입니다.

1 사람들은 보이지 않으시고 영원하신 하나님의 형상을 새나 짐승의 우상으로 만듭니다. 그 이유는 무엇입니까? (롬 1:23)

2 모든 종교들에 깊이 들어가 보면 거기에는 반드시 인간의 깊은 문제가 도사리고 있습니다. 그것이 무엇입니까? (롬 3:23 참조)

3 모든 종교에 존재하는 또 다른 점은 바로 사후의 문제입니다. 대부분의 종교에서는 어떤 공통점이 있습니까? (히 9:27)

4 대부분의 종교에서 발견되는 마지막 공통점은 무엇이겠습니까? (본문 중에서)

5. 기독교와 다른 종교의 차이점은 뚜렷합니다.

기독교와 여러 종교들의 차이점은 공통점 내에 포함되어 있습니다. 왜냐하면 겉으로 비슷해 보이는 공통점 속에 근본적으로 차이점이 들어있기 때문입니다. 참과 거짓은 비슷해 보입니다.

1 우선 예배행위를 살펴보면 별 차이가 없어 보입니다. 하지만 본질은 전혀 다릅니다. 기독교의 본질은 무엇입니까? (창 12:8)

2 똑같아 보이는 예배나 제사에도 분명한 차이점이 있는데 그것은 신의 속성입니다. 어떤 차이가 있습니까? (약 1:17)

3 오늘날 다른 종교의 예배와 기독교의 그것은 어떻게 다릅니까? 예수님의 희생을 생각해보십시오. (롬 5:19)

4 모든 종교인들은 더 높은 곳으로 올라가기 위해 열심히 헌신합니다. 기독교와는 어떻게 다릅니까? (고전 15:10)

6. 진정한 종교가 무엇인지 알아야 합니다.

참된 종교는 어떤 것일까요? 사람마다 성장환경이나 취향이 다르기 때문에 자기 좋은 종교를 택해서 열심히 믿으면 되는 것일까요? 결코 그렇지 않습니다. 다 같은 종교로 보이더라도 참 종교가 있고 참 종교를 흉내 내는 종교도 있습니다. 진정한 종교라면 사후의 구원이 가능해야 합니다. 인간의 내면에 깊이 숨어있는 죄의 상태(원죄)의 문제를 해결할 수 있어야 합니다. 인간의 노력으로는 할 수 없기 때문에 절대자의 은혜가 있어야 합니다. 태초부터 영원까지 영원한 진리여야 하고 변함이 없어야 합니다. 인간을 창조하신 분이면 가장 합당합니다. 마지막 영원한 세계를 제공할 수 있어야 합니다. 모든 인간에게 이상적인 세상을 제시해야 합니다. 거짓과 진실을 분별하기 위해 인간의 내면을 다 아시는 분이어야 합니다. 이런 조건을 갖춘 종교는 오직 기독교 밖에는 없습니다.

1 혹시 다른 종교에 대한 경험을 가지고 있다면 기독교와 어떻게 달랐는지 설명해 보십시오.

2 본장에서 살펴본 내용 중에 가장 깊이 느낀 점은 무엇입니까?

마무리 기도

　　　사랑의 아버지 하나님. 수많은 사람들 중에서도 예수님을 통하여 신앙을 가지게 하심을 깊이 감사드립니다. 또한 다른 종교가 아니라 기독교 복음을 받아들이게 하심을 더욱 감사드립니다. 우리가 예수님을 믿은 것은 우리의 공로나 노력이 아니라 오직 하나님의 은혜임을 믿습니다. 은혜로 죄 사함 받고 구원받았으니 그 은혜에 합당한 삶을 살 수 있도록 우리는 깨우쳐주시고, 연약하고 우둔하오니 성령님으로 힘과 능력을 주셔서 세상을 이길 수 있도록 도와주옵소서. 하지만 아버지, 사람들이 창조주 하나님을 믿는 신앙과 다른 우상들을 믿는 신앙을 별 차이가 없는 것으로 보고 있음이 몹시 안타깝습니다. 어떻게 하면 저들이 기독교 복음을 이해하게 만들 수 있겠습니까?

　하나님 아버지. 물론 우리가 말이나 논리로 저들을 설득할 수 없음을 잘 알고 있습니다. 혹시 말이나 논리로 저들이 이해할 수 있게 만들었다고 해서 저들이 곧바로 하나님을 믿는 것이 아님을 또한 잘 알고 있습니다. 하지만 믿지 못하는 사람들에게 최대한 기독교의 복음을 변증적으로 잘 설명할 수 있도록 도와주시기를 바랍니다. 저들이 믿고 안 믿고는 그 다음의 문제이며, 성령님께서 저들의 마음을 감동시키셔서 믿게 하실 줄을 믿습니다. 그와 함께 우리 마음속에 들어있던 아주 약간의 의구심을 깨끗하게 씻어 주시니 감사드립니다. 더욱 확신을 가지고 신앙생활에 승리할 수 있도록 해 주시옵소서. 우리를 택하시고 구원해주신 예수 그리스도의 이름으로 간절히 기도드립니다. 아멘.

제 11 과
기독교의 뿌리는 천주교가 아닙니까?

　　많은 사람들이 기독교(개신교)와 천주교를 같은 종교로 알고 있습니다. 마치 기독교 내에 장로교, 감리교, 성결교 등이 있듯이 천주교도 기독교의 형제 종교쯤으로 여기는 분들이 많은 것이 사실입니다. 하지만 천주교와 기독교는 엄연히 다른 종교입니다. 천주교는 마치 유대교나 이슬람교가 기독교와 다른 것만큼이나 다른 종교입니다. 그럼에도 사람들이 기독교와 천주교를 같은 종교라고 여기는 이유는 어디에 있을까요? 물론 기독교는 천주교를 개혁하기 위한 목적으로 시작되었지만 그 당시 천주교는 개혁되지 못했고, 기독교는 다시 성경으로 돌아가서 사람의 전통이나 지식이 아니라 원래의 복음을 추구하고 신앙을 회복했던 것입니다.

　똑같이 여호와 하나님을 믿고 예수님을 통하여 구원받으며 같은 성경(조금 다르기는 합니다만)을 사용하지만 구원에 접근하는 방식은 전혀 다르다는 것을 알아야 합니다. 곧 전혀 다른 종교인 것입니다. 이는 마치 이단이나 사이비 기독교도 겉으로는 전부 같은 성경을 보고 있지만 저들에게는 진리가 없는 것과 유사할 것입니다. 천주교와 기독교는 모든 면에서 입장과 견해가 갈립니다. 왕왕 교회에 다니다가 성당으로 출석하는 경우가 있지만 단지 분파만 다른 것이 아니라 종교 자체가 다르다는 사실을 알아야 합니다.

1. 천주교와 기독교의 뿌리는 동일합니다.

천주교가 기독교의 뿌리가 아니라 두 종교의 뿌리가 같다고 할 수 있습니다. 그 뿌리는 이스라엘의 유대교입니다. 물론 공통적으로 그리스도 예수의 십자가 사건과 부활사건이 구원복음의 시작입니다.

1 초대교회 박해시대를 거쳐서 그리스도교가 로마의 인정을 받은 것은 언제였으며 로마의 국교가 된 것은 언제였습니까?

2 그렇다면 우리가 천주교라고 이야기하는 것은 언제부터였으며 중세시대는 언제입니까?

3 천주교를 서방교회라고 합니다. 동방교회(정교회)는 언제 갈라져나갔습니까?

4 기독교(개신교)의 뿌리가 천주교가 아니라는 것은 어떤 이유에서이겠습니까?

2. 초대교회는 그리스도교의 출발입니다.

천주교, 동방정교, 개신교의 뿌리는 사도시대와 교부시대입니다. 천주교를 개혁한다고 천주교의 제도를 개혁해서 되는 일이 아니고 천주교 이전의 뿌리로 돌아가야 종교개혁일 것입니다.

1 사도 시대부터 교부(속사도)시대까지 어떤 박해와 영적 방해를 받았는지 간단하게 말해보십시오.

2 초대교회를 극도로 혼란스럽게 만들었던 영지주의는 무엇을 주장했으며 어떤 현상으로 나타났습니까?

3 기독교 복음이 정통교리로 형성되기까지 중요한 공의회를 이야기해 보십시오.

4 종교개혁운동은 어디로 돌아가자는 운동이었으며 무엇이라고 불리게 되었습니까?

3. 기독교에 없는 천주교 교리를 아십니까?

초대교회로부터 이어진 천주교를 기독교의 뿌리로 오해할 수 있겠지만, 그리고 비슷한 성경을 사용하고 하나님과 예수님을 믿지만, 다른 교리와 전통과 형식을 가지고 있는 별개의 종교입니다.

1 기독교와 천주교가 다른 종교라는 점을 말할 때 가장 자주 언급되는 마리아 숭배의 역사와 그 내용을 설명해보십시오.

2 천주교가 기독교와 다른 점 중 한 가지는 눈에 보이는 형상이나 행위를 인정한다는 데 있습니다. 어떻게 인정합니까?

3 그 밖에 근본적으로 기독교와 다른 교리에는 어떤 것들이 있습니까?

4 가장 근원적인 차이라고 할 수 있는 구원관은 천주교와 기독교가 어떻게 다릅니까?

4. 천주교와 불교에는 공통점이 많습니다.

천주교는 기독교와 달리 일반적인 종교의 색채가 상당 부분 가미되어 있습니다. 공교롭게도 우리나라에서 가장 보편적인 종교인 불교와 천주교 사이에 공통점이 큰 것을 발견하게 됩니다.

1 성당에서 미사를 드리거나 절에서 예불할 때의 공통점들을 이야기해 보십시오.

2 천주교와 불교의 입교시에는 어떤 절차적인 공통점이 있으며, 성직자들에게는 어떤 공통점이 있습니까?

3 그밖에 천주교와 불교 사이에 존재하는 외형적인 공통점들은 무엇입니까?

4 서양에서 유래된 천주교와 동양 고유의 종교인 불교에 왜 이렇게 공통점이 많은 것입니까?

5. 기독교의 고유한 모습은 무엇입니까?

기독교 복음에는 다른 종교와는 다른 고유한 교리들과 전통이 있습니다. 그 모든 것은 오직 성경에서만 근거를 찾을 수 있습니다. 몇 가지 핵심적인 특징을 짚어봅니다.

1 기독교 복음에는 주문, 염불, 묵주, 성수 등 행위가 아니라 오직 무엇으로만 구원받는다고 가르칩니까? (롬 1:17)

2 구원의 주체가 되시는 분은 교황이나 마리아나 성인의 도움이 아니라 오직 누구를 통해서만 구원 받습니까? (갈 2:16)

3 기독교에서는 모든 판단과 결정의 근거를 전통이나 교단이 아니라 오직 어디에 두고 있습니까? (딤후 3:15-17)

4 기독교 성도는 사물이나 사람 등 매개체를 통하지 않고 어떻게 하나님과 인격적으로 교제할 수 있습니까? (벧전 2:9)

6. 기독교는 천주교와 전혀 다릅니다.

물론 천주교의 뿌리도 유대교이므로 당연히 여호와 하나님, 예수 그리스도, 성령님을 받아들입니다. 그러나 똑같이 예수님을 믿는다고 해도 믿음의 내용이나 본질이나 과정은 전혀 다릅니다. 마치 이슬람교도 아브라함으로부터 시작되었지만 유대교와는 전혀 다르며, 오늘날 천주교나 기독교와는 전혀 다른 것과 마찬가지입니다. 기독교 신앙은 최초의 종교개혁가 마틴 루터가 주장한 5대 강령에서 그 특징을 살펴볼 수 있는데 그것은 오직 성경, 오직 예수, 오직 은혜, 오직 믿음, 오직 하나님께 영광으로 압축됩니다. 하나님의 은혜와 성경을 믿는 믿음이 아니면 예수 그리스도를 영접할 수 없습니다. 그리고 그 모든 신앙생활의 초점은 하나님께 영광을 돌려드리는 데 목적이 있음을 알아야 합니다.

1 천주교인들이 기독교는 천주교에서 갈라진 종교라거나 천주교의 동생이라고 한다면 무엇이라고 대답하겠습니까?

2 천주교와 기독교의 가장 큰 차이가 무엇이냐고 묻는다면 무엇이라고 대답하겠습니까?

마무리 기도

사랑의 하나님 아버지. 하나님의 참된 말씀과 오직 예수님의 십자가 고난과 보혈을 통하여 우리를 구원하신 은혜를 깊이 감사드립니다. 기독교(개신교)는 아주 유사해 보이는 거짓 이단들과 전혀 다를 뿐만 아니라 천주교와도 전혀 다르다는 사실을 깨닫게 하심을 또한 감사드립니다. 아버지, 그렇게 진리를 우리에게 주셨지만 우리가 그 진리에 합당하지 못한 모습을 보이는 것을 회개할 수 있도록 도와주옵소서. 천주교의 부패를 개혁하기 위해 시작되었지만 오늘날 오히려 그때와 유사한 부패에 빠진 모습은 너무나도 죄송스럽고 가슴 아픈 현실입니다. 기독교가 언제나 회복되어 본질적인 믿음을 삶에서 보여줄 수 있도록 힘을 더하여 주옵소서.

하나님 아버지. 아울러 교회에 출석하는 성도들이 천주교와 기독교의 차이점을 분명하게 깨달아 본질적인 신앙을 지킬 수 있도록 도와주시고, 기독교가 세상에서 빛과 소금의 역할과 사명을 더 잘 감당할 수 있도록 인도해 주시옵소서. 천주교를 비판하기 위해서가 아니라 참된 성경적 진리가 무엇인가를 깊이 알기 위해 이런 문제를 살펴보았습니다. 비록 비슷한 모습으로 세상에 비치더라도 우리는 더욱 진리 속으로만 들어가서 성령님의 능력과 지혜로써 우리의 신앙을 지키고 세상을 믿음으로 이겨낼 수 있도록 만들어주시옵소서. 성도는 성도답게, 교회는 교회답게 세워져 나갈 수 있도록 교회와 성도들과 지도자들을 일깨워주시옵소서. 참된 진리로 우리를 구원해주신 예수 그리스도의 이름으로 기도드립니다. 아멘

제 12 과
예수님 아니라도 구원받을 수 있다죠?

      기독교를 독단적이고 폐쇄적인 종교라고 비판하는 가장 근본적인 이유는 오직 예수님께만 구원이 있다고 주장하는 점일 것입니다. 다른 종교를 일체 인정하지 않으며, 교회에 다니지 않으면 결코 구원받지 못한다고 강하게 가르칩니다. 자신들만 그렇게 믿고 살면 좋은데 그 믿음을 온 사방에 전파하면서 적극적으로 전도하는 모습도 결코 좋아보이지는 않을 것입니다. 왜 기독교인들은 그렇게 나댈까요? 물론 교회가 부정적인 모습을 보여줄 때도 있습니다. 요즈음은 교회가 사회로부터 손가락질당하는 경우도 자주 보입니다. 전부 기독교인들이 잘못해서 생긴 결과일 것입니다.

      그런 점들은 충분히 인정하면서, 그렇다고 교회와 예수님의 잘못이라고 할 수는 없다는 이야기를 꼭 하고 싶습니다. 왜냐하면 교회에 다니는 성도들이라도 자신 때문에 하나님의 영광을 가리고 싶지는 않기 때문입니다. 비록 기독교인들의 잘못이 자주 눈에 띠더라도 진리의 복음은 조금도 상하거나 훼손될 수 없습니다. 구원은 오직 예수 그리스도가 아니면 세상 그 어떤 사람에게도 주어질 수 없습니다. 다른 종교요? 사람들이 만들어낸 것에 불과합니다. 인간적으로 존경하고 본 받을 수는 있겠지만 인간구원의 통로는 절대로 될 수 없습니다. 그것은 불가능한 이야기입니다.

1. 종교다원주의와 종교통합운동을 아십니까?

종교다원주의란 사회에 공존하는 다른 종교의 진리와 가치 곧 구원의 다양성을 인정하는 사상이며, 종교통합운동이란 기독교라는 허울을 쓰고 있는 모든 가치와 신앙을 통합하자는 운동입니다.

1 종교다원주의란 한마디로 말해서 결국 무엇을 주장하는 사상입니까?

2 정상적인 기독교에서 이 종교다원주의를 배격해야 하는 이유는 무엇이겠습니까?

3 세계적인 기독교통합운동단체에는 어떤 것이 있으며 여기에서 타 종교의 의식을 진행하는 목적은 어디에 있다고 합니까?

4 예수님만이 유일한 구원의 길이라는 진리를 훼손하는 듯한 태도로 한국기독교에서는 어떤 일이 일어났습니까?

2. 하나님은 한 분이십니다.

종교다원주의는 타 종교에서는 크게 문제되지 않습니다. 오직 기독교에서만 극도로 반대하는데 그 이유는 다른 종교나 사상으로는 결코 인간이 구원에 이를 수 없기 때문입니다.

1 다른 종교에서도 구원이 가능하다는 종교다원주의가 진리가 아닌 가장 근본적인 이유는 무엇입니까? (행 17:24)

2 다른 많은 주장들이 있지만 이 세상에서 유일신 사상은 얼마나 많은 사람들이 믿고 있겠습니까?

3 유일신이 세상을 다스린다는 믿음은 어떤 현상들을 보면 발견할 수 있겠습니까?

4 하나님이 한 분이시며 그 하시는 일도 하나임을 성경은 어떻게 설명하고 있습니까? (엡 4:5-6)

3. 하나님께로 가는 길은 오직 하나입니다.

하나님은 한 분이시고 창조주시라면, 그 다음 단계로 그 하나님께로 가는 길이 어디에 있느냐가 문제일 것입니다. 여러 갈래의 길이 있다고 한다면 그것을 종교다원주의라고 하는 것입니다.

1 여호와 하나님을 믿는 종교에는 크게 나누어서 어떤 종교들이 있습니까?

2 여호와 하나님을 믿는 종교가 이렇게 많다면 구원에 이르게 하는 가장 기본적인 기준은 무엇입니까? (딤후 1:9)

3 구약은 마치 율법을 지킴으로써 구원받는 것처럼 생각되지만, 구약에서도 하나님은 무엇에 의해 구원하십니까? (롬 4:13)

4 인간이 스스로의 행위나 공로나 노력으로 구원에 이를 수 있다면 어떤 일이 일어나겠습니까? (갈 6:3)

4. 오직 예수님으로만 구원받습니다.

구원은 오직 하나님의 은혜로만 가능합니다. 그러면 그 은혜의 길에도 여러 가지가 있는 것이 아닙니까? 아닙니다. 그 은혜의 길도 단 한 가지, 예수님의 피로만 가능한 길입니다.

1 예수님과 십자가와 피와 부활과 구원이 어떤 관계 속에 놓여 있는 것입니까? (롬 5:9)

2 왜 꼭 예수님만 우리를 구원하실 수 있는 유일한 길이 되는 것입니까? (딤전 2:5)

3 신앙을 고백하고 믿음으로 구원받지만 그 고백은 무엇을 전제로 하는 것입니까? 바울은 무엇이라고 말합니까? (고후 4:10)

4 성령님께서 생명을 걸고 예수님을 믿게 해주십니다. 과거의 법은 무엇이며 우리를 지키는 법은 무엇입니까? (롬 8:2)

5. 구원은 노력해서 받을 수 없습니다.

만약에 구원이 사람의 노력으로 가능하다면 구원에는 틀림없이 수많은 길들이 존재할 수 있을 것입니다. 거듭 이야기한 바와 같이 구원은 전적으로 하나님의 은혜에 의해서만 받을 수 있습니다.

1 지구상의 기독교와 다른 종교를 확연하게 구별하는 근본적인 차이점은 무엇입니까?

2 하나님께서 왜 인간의 노력을 전혀 반영하지 않고 오직 하나님의 은혜로만 구원을 베푸시는 것입니까? (고전 1:27-29)

3 행함이 구원과 전혀 관계가 없다면 아무 것도 하지 않아도 되는 것입니까? 믿음과 행함은 어떤 관계입니까?(약 2:22)

4 오직 믿음으로만 구원받는다면 교회에서는 왜 예배, 섬김, 나눔 등 행함을 강조합니까? (고후 4:15)

6. 다른 종교를 적대시하지 않습니다.

이제 두 가지 문제가 남습니다. 종교다원주의를 배격하고 종교통합운동을 반대한다면, 그러면 기독교는 다른 종교와 전쟁을 원한다는 것인가요? 결코 그렇지 않습니다. 물론 기독교는 모든 사람들이 하나님께로 돌아오기를 바라고, 그래서 열심히 전도하려고 합니다. 하지만 그 전도는 세력 간의 대결이나 무력 혹은 폭력적인 방법으로 행하는 것이 아닙니다. 왜냐하면 복음은 근본적으로 성도의 삶을 통하여 하나님의 뜻을 전파하는 것이기 때문입니다. 또 한 가지 생각할 것은 종교통합운동을 찬성하는 교단에 속한 교회에 대한 태도입니다. WCC는 교회나 목회자 간의 연합이 아니라 기독교를 표방하는 모든 '교단'들이 연합을 추구하는 곳입니다. 그렇기 때문에 그 교단에 속한 교회와 목사라도 얼마든지 다양한 견해를 가지고 있습니다. 개교회의 견해를 존중해야 한다는 말입니다.

1 다른 종교를 믿는 사람과의 대화는 어떻게 해야 하겠습니까?

2 종교통합운동을 지지하는 교단에 속한 교회와 목회자는 어떻게 생각해야 하겠습니까?

마무리 기도

　　오직 그리스도만을 통하여 은혜의 구원을 허락하신 아버지 하나님, 참으로 감사드리고 또 감사드립니다. 이 세상에 수많은 종교들과 미신들이 있지만 그 중에서 특별히 우리를 택하시고 예수님의 십자가의 핏 값으로 우리를 구원해주시니 그 은혜가 너무나도 크고 높습니다. 아버지. 그렇기 때문에 여호와 하나님을 믿는다고 하면서도 행위구원론에 빠져서 여전히 죄 가운데 헤매는 여타 다른 여호와 종교들과 자기 노력이나 훈련으로 신에게 도달할 수 있다고 믿는 신비한 사상들과 원시종교적 행위로 이 땅의 복만을 추구하는 미신들에 빠져있는 사람들이 너무나도 안타깝습니다. 우리들의 삶을 통하여 저들에게 그리스도를 나타내 보여줄 수 있도록 우리를 지배해 주옵소서.

　하나님. 그리고 기독교통합운동을 비롯하여 종교연합운동을 펼치는 많은 기독교인들이 있습니다. 하나님과 전혀 관계없는 사람들과의 연합은 하나님을 따르는 것도 아니고 세상을 쫓아가는 것도 아닌, 그야말로 영을 혼탁하게 만드는 일일 뿐인데, 그럼에도 그것이 하나님의 뜻인 양 포장하고 있는 저들의 무지함을 깨뜨려 주시기를 원합니다. 물론 하나님은 모든 사람들을 사랑하시는 분입니다. 하지만 스스로 하나님과의 관계에서 벗어나 오히려 마귀에게 연합하는 것과도 같은 저들은 스스로 돌이키지 않는다면 하나님도 용서하실 수 없음을 깨닫게 해주옵소서. 저들을 미워하라는 것이 아니라 오직 하나님께 모든 초점을 맞추어야 함을 알게 해 주옵소서. 우리를 구원하신 예수 그리스도의 이름으로 기도드립니다. 아멘.